Curso
MAD360

*La diferencia entre aprobar
y sacar plaza*

Cuerpo Auxiliar
(Subgrupo C2)

JUNTA DE COMUNIDADES DE CASTILLA-LA MANCHA

Si aún no dispones de tu **Curso MAD360**, te ofrecemos un acceso GRATIS de 30 días para que disfrutes de los siguientes recursos:

AF276585

- Técnicas de Memoria 360.
- MADTEST: Test *online* Nivel PRO.
- Temario en formato digital.
- Vídeos.
- Esquemas.
- Planificación de estudio.
- Foro entre opositores hasta la fecha del examen.*
- Recursos y novedades exclusivas.
- Consulta sobre la oposición y el proceso selectivo.
- Actualizaciones legislativas (Boletines Oficiales) hasta 60 días antes de la fecha del examen.*

Para acceder a esta prueba del Curso MAD360** será necesaria la compra de todos los libros para esta especialidad de la edición 2024.

Regístrate en **mad.es/iniciar-sesion** y en la pestaña BIBLIOTECA valida los códigos que encuentras en la última página de tus libros.

NOTA IMPORTANTE:

* Examen de esta categoría profesional correspondiente a la convocatoria siguiente a la publicación de este libro, o hasta el 31 de enero de 2026, lo que se cumpla antes, y previa renovación del servicio.

** El acceso al CURSO MAD360 estará disponible desde enero de 2025 (algunos recursos podrían estar disponibles en fecha posterior). Tendrá una duración de 30 días RENOVABLES mediante pago, desde la validación de códigos, o hasta el 31 de julio de 2026, lo que se cumpla antes.

MAD se reserva el derecho a ampliar dichas fechas.

Cuerpo Auxiliar (Subgrupo C2) de la Junta de Comunidades de Castilla-La Mancha

Enero, 2025

Cuerpo Auxiliar (Subgrupo C2) de la Junta de Comunidades de Castilla-La Mancha

Test del temario

Autores

ELENA GARCÍA FERNÁNDEZ
Licenciada en Derecho

ANA M.ª CERVERA SÁNCHEZ
Licenciada en Historia Contemporánea

JOAQUÍN MARTÍNEZ DEL FRESNO
Licenciado en Derecho
Funcionario del Cuerpo Superior de Administradores

SERGIO JIMENO MOLINS
Ingeniero Superior en Telecomunicaciones
Profesor de Educación Secundaria Obligatoria y Bachillerato

CARLOS TOJEIRO ALCALÁ
Ingeniero Informático
Titulado MCP de Microsoft

© 7 Editores Recursos para la Cualificación Profesional y el Empleo, S.L. (7 Editores)
© Los autores
Primera edición, enero 2025 (122 páginas)
Derechos de edición reservados a favor de 7 Editores
IMPRESO EN ESPAÑA
Diseño Portada: 7 Editores
Edita: 7 Editores
Avda. San Francisco Javier, 9 · Edificio Sevilla 2 · Planta 11 · Módulos 25-27 · 41018 Sevilla
Teléfono: 954 784 411 · WEB: www.mad.es · e-mail: administracion@7editores.com
ISBN: 978-84-142-9094-1
© "Editorial Mad" y "Eduforma" son nombres comerciales registrados de
7 Editores Recursos para la Cualificación Profesional y el Empleo, S.L.

Índice

I. Organización Administrativa

II. Ofimática

I. Organización Administrativa

TEST N.º 1

La Constitución Española de 1978

1. ¿En qué se fundamenta la Constitución Española?

a) En un Estado social y democrático de Derecho.
b) En la indisoluble unidad de la Nación española.
c) En la independencia de los poderes del Estado.
d) En la organización territorial del Estado.

2. Según el artículo 3 de la CE, el castellano es la lengua oficial del Estado y todos los españoles:

a) Tienen el deber de usar y el derecho de conocer el castellano.
b) Tienen el derecho y el deber de conocer el castellano.
c) Tienen el deber de conocer y el derecho de usar el castellano.
d) Tienen el derecho de conocer y usar el castellano.

3. La Constitución Española reconoce y garantiza el derecho a la autonomía:

a) De las nacionalidades que la integran.
b) De las regiones que la integran.
c) De las Comunidades Autónomas que la integran.
d) De las nacionalidades y regiones que la integran.

4. El Preámbulo de la Constitución:

a) Tiene en sí carácter de norma jurídica.
b) Es una declaración de intenciones, destinada a interpretar lo que se quiere alcanzar con el contenido normativo de la Constitución.
c) Se trata de un texto sin fuerza jurídica de obligar.
d) Las respuestas b) y c) son correctas.

5. Señala la respuesta correcta respecto de la aprobación, ratificación y publicación de la Constitución Española:

a) Aprobada por las Cortes el 31 de octubre de 1978, ratificada por el pueblo en referéndum el 6 de diciembre de 1978 y publicada el 29 de diciembre de 1978.
b) Aprobada por las Cortes el 30 de octubre de 1978, ratificada por el pueblo en referéndum el 16 de diciembre de 1978 y publicada el 27 de diciembre de 1978.
c) Aprobada por las Cortes el 31 de octubre de 1978, ratificada por el pueblo en referéndum el 16 de diciembre de 1978 y publicada el 29 de diciembre de 1978.
d) Aprobada por las Cortes el 10 de octubre de 1978, ratificada por el pueblo en referéndum el 26 de diciembre de 1978 y publicada el 30 de diciembre de 1978.

6. ¿En qué parte de la Carta Magna se establece la exposición de motivos que impulsan la norma constitucional y los objetivos que con ella se pretenden alcanzar?

a) En el Título Preliminar.
b) En el Preámbulo.
c) En el Título I.
d) En el Título II.

7. La Constitución Española fue sancionada por:

a) El Rey.
b) El Presidente del Congreso.
c) Las Cortes Generales.
d) El Presidente del Gobierno.

8. ¿Cuáles de los siguientes españoles de origen pueden ser privados de su nacionalidad?

a) Exclusivamente los miembros de grupos terroristas.
b) Los miembros de grupos terroristas y los que atenten contra el Rey u otro miembro de la Casa Real.
c) Los que atenten contra un miembro de la Familia Real o del Gobierno de la Nación.
d) Ningún español de origen podrá ser privado de su nacionalidad.

9. Según la CE son fundamentos del orden político y la paz social:

a) La dignidad de la persona, los derechos violables que les son inherentes y el respeto a la ley.
b) La dignidad de la persona, el desarrollo limitado de la personalidad y el respeto a la ley.

c) El respeto a la ley, a los reglamentos administrativos y demás disposiciones legales.

d) La dignidad de la persona, los derechos inviolables que le son inherentes, el libre desarrollo de su personalidad, el respeto a la ley y a los derechos de los demás.

10. ¿Cuál de los siguientes es considerado por la CE como uno de los valores superiores del ordenamiento jurídico?

a) La jerarquía normativa.
b) El pluralismo político.
c) La publicidad normativa.
d) La equidad.

11. La forma política del Estado español es:

a) Democracia parlamentaria.
b) Gobierno parlamentario.
c) Monarquía parlamentaria.
d) República democrática.

12. La parte de la CE que regula la estructura de los principales órganos del Estado recibe el nombre de:

a) Parte dogmática.
b) Parte orgánica.
c) Parte estatal.
d) Parte estructural.

13. Según la CE, la soberanía nacional:

a) Corresponde a las Cortes Generales, al estar compuestas por los representantes del pueblo.
b) Corresponde al Rey.
c) Reside en el pueblo español.
d) Corresponde al Gobierno de la Nación elegido directamente por el pueblo.

14. El derecho a la propiedad en nuestra Constitución es un Derecho:

a) Inherente a la condición humana.
b) Absoluto.
c) Limitado por la función social de la misma.
d) Ninguna de las respuestas anteriores es correcta.

15. ¿En qué parte de la Carta Magna se señalan los valores superiores del orde-namiento jurídico?

a) En el Preámbulo.
b) En el Título Preliminar.
c) En el Título I.
d) Ninguna respuesta es correcta.

En MADTEST tienes **más preguntas de este tema**, y todos tus avances quedan registrados y se reflejan en el ranking.

¡Supera tus límites con MADTEST!

Solución al test n.º 1

1. b) En la indisoluble unidad de la Nación española.

2. c) Tienen el deber de conocer y el derecho de usar el castellano.

3. d) De las nacionalidades y regiones que la integran.

4. d) Las respuestas b) y c) son correctas.

5. a) Aprobada por las Cortes el 31 de octubre de 1978, ratificada por el pueblo en referéndum el 6 de diciembre de 1978 y publicada el 29 de diciembre de 1978.

6. b) En el Preámbulo.

7. a) El Rey.

8. d) Ningún español de origen podrá ser privado de su nacionalidad.

9. d) La dignidad de la persona, los derechos inviolables que le son inherentes, el libre desarrollo de su personalidad, el respeto a la ley y a los derechos de los demás.

10. b) El pluralismo político.

11. c) Monarquía parlamentaria.

12. b) Parte orgánica.

13. c) Reside en el pueblo español.

14. c) Limitado por la función social de la misma.

15. b) En el Título Preliminar.

La Ley 39/2015, de 1 de octubre, del Procedimiento Administrativo Común de las Administraciones Públicas: Disposiciones generales. Los interesados en el procedimiento administrativo. La actividad de las Administraciones Públicas. Los actos administrativos. El procedimiento administrativo común. La revisión de los actos en vía administrativa

1. ¿Cuál es la actual Ley del Procedimiento Administrativo Común de las Administraciones Públicas?

a) La Ley 30/1992, de 26 de noviembre.
b) La Ley 35/2005, de 4 de octubre.
c) La Ley 39/2015, de 1 de octubre.
d) La Ley 1/2015, de 8 de septiembre.

2. Según el artículo 8 de la Ley 39/2015, si durante la instrucción de un procedimiento se advierte la existencia de personas que sean titulares de derechos o intereses legítimos y directos cuya identificación resulte del expediente y que puedan resultar afectados por la resolución que se dicte:

a) Se comunicará a dichas personas la tramitación del procedimiento si este no ha tenido publicidad.
b) Se suspenderá el procedimiento hasta que se les comunique el estado del procedimiento y se les dé un plazo para presentar alegaciones.
c) Se seguirá adelante con el procedimiento sin más.
d) Se les comunicará y se volverá a iniciar el procedimiento.

3. ¿De cuántos artículos consta la Ley 39/2015, de 1 de octubre, del Procedimiento Administrativo Común de las Administraciones Públicas?

a) De 121.
b) De 127.

c) De 131.
d) De 133.

4. La Ley 39/2015, de 1 de octubre, del Procedimiento Administrativo Común de las Administraciones Públicas, se estructura en:

a) 7 Títulos, 9 Disposiciones Adicionales, 5 Disposiciones Transitorias, 1 Disposición Derogatoria y 7 Disposiciones Finales.
b) 7 Títulos, 5 Disposiciones Adicionales, 7 Disposiciones Transitorias, 1 Disposición Derogatoria y 5 Disposiciones Finales.
c) 5 Títulos, 7 Disposiciones Adicionales, 7 Disposiciones Transitorias, 1 Disposición Derogatoria y 7 Disposiciones Finales.
d) 5 Títulos, 7 Disposiciones Adicionales, 5 Disposiciones Transitorias, 1 Disposición Derogatoria y 7 Disposiciones Finales.

5. Suele ser normal que la Administración Pública en las relaciones jurídicas administrativas:

a) Se sujete al Derecho Privado.
b) Actúe como sujeto de las mismas.
c) Despliegue una serie de potestades legalmente reconocidas.
d) Actúe representada por particulares.

6. Puede ser objeto de una relación jurídico-administrativa el/los/las:

a) Dominio público.
b) Potestades administrativas.
c) Deberes de los ciudadanos.
d) Nada de lo anterior.

7. Normalmente, la Administración Pública, en este tipo de relaciones:

a) Se limita a una posición de espectadora de las mismas.
b) Actúa como sujeto activo.
c) Se encuentra en el lado pasivo de las mismas.
d) Está en igualdad de circunstancias que el administrado.

8. Una característica esencial de las relaciones jurídico-administrativas es:

a) Su regulación por el Derecho Privado.
b) La situación de igualdad de la Administración Pública y el administrado.
c) Su sujeción al Derecho Administrativo.
d) Estar exenta de regulación jurídica de todo tipo.

9. La relación en la que la Administración Pública actúa como un particular y no como tal Administración Pública es de carácter:

a) Privado.
b) Jurídico-administrativa.
c) No jurídica.
d) Semipública.

10. El contenido de la relación jurídico-administrativa se descompone en:

a) Actos humanos y cosas.
b) Hechos no jurídicos.
c) Derechos y obligaciones.
d) Todo lo anterior.

11. ¿Qué recurso cabe contra el acuerdo que declare la aplicación de la tramitación de urgencia al procedimiento?

a) Recurso de alzada.
b) Recurso extraordinario de revisión.
c) Recurso de reposición, en el plazo de un mes.
d) Ningún recurso.

12. Es ejemplo de administrado cualificado un:

a) Ciudadano cualquiera.
b) Vendedor ambulante.
c) Concesionario de servicio público.
d) Las respuestas b) y c) son ciertas.

13. Un funcionario tiene la condición de:

a) Persona privada de interés social.
b) Autoridad.
c) Administrado simple.
d) Administrado cualificado.

14. La actuación de un particular realizando una prestación personal a la Administración:

a) Le convierte en administrado simple.
b) Comporta un trato de favor al mismo.
c) Le exime de pagar tasas judiciales.
d) Le cualifica respecto de la misma.

15. El que realice un uso común general del dominio público:

a) Requiere licencia.
b) Ha de estar habilitado a través de la correspondiente concesión demanial.
c) Tiene la condición de administrado cualificado.
d) Nada de lo expuesto es correcto.

En MADTEST tienes **más preguntas de este tema**, y todos tus avances quedan registrados y se reflejan en el ranking.

¡Supera tus límites con MADTEST!

Solución al test n.º 2

1. c) La Ley 39/2015, de 1 de octubre.

2. a) Se comunicará a dichas personas la tramitación del procedimiento si este no ha tenido publicidad.

3. d) De 133.

4. a) 7 Títulos, 9 Disposiciones Adicionales, 5 Disposiciones Transitorias, 1 Disposición Derogatoria y 7 Disposiciones Finales.

5. c) Despliegue una serie de potestades legalmente reconocidas.

6. a) Dominio público.

7. b) Actúa como sujeto activo.

8. c) Su sujeción al Derecho Administrativo.

9. a) Privado.

10. c) Derechos y obligaciones.

11. d) Ningún recurso.

12. d) Las respuestas b) y c) son ciertas.

13. d) Administrado cualificado.

14. d) Le cualifica respecto de la misma.

15. d) Nada de lo expuesto es correcto.

La Ley 40/2015, de 1 de octubre, de Régimen Jurídico del Sector Público: Disposiciones generales. Los órganos de las Administraciones Públicas. Principios de la potestad sancionadora. Responsabilidad patrimonial de las Administraciones Públicas. Funcionamiento electrónico del sector público. Los convenios

1. Según el artículo 3 de la Ley 40/2015, uno de los principios de acuerdo con los que actúa la Administración Pública es el de buena fe, confianza legítima y:

a) Lealtad institucional.
b) Proximidad a los ciudadanos.
c) Servicio efectivo a los ciudadanos.
d) Responsabilidad.

2. Según el artículo 3 de la Ley 40/2015, uno de los principios de acuerdo con los que actúa la Administración Pública es el de simplicidad, claridad y:

a) Economía.
b) Eficacia.
c) Proximidad a los ciudadanos.
d) Racionalización.

3. Según el artículo 3 de la Ley 40/2015, uno de los principios de acuerdo con los que actúa la Administración Pública es el de participación, objetividad y:

a) Transparencia de la actuación administrativa.
b) Evaluación de los resultados.
c) Adecuación estricta de los medios a los fines institucionales.
d) Colaboración.

4. Según el artículo 3 de la Ley 40/2015, uno de los principios de acuerdo con los que actúa la Administración Pública es el de racionalización y agilidad de los procedimientos administrativos y de:

a) Las políticas públicas.
b) Las actividades materiales de gestión.

c) Las asignaciones de los recursos públicos.
d) La evaluación de los resultados de las políticas públicas.

5. Las Administraciones Públicas sirven con objetividad:

a) Los intereses generales.
b) Las políticas del Gobierno.
c) Los valores superiores.
d) Los derechos y deberes fundamentales.

6. Las Administraciones Públicas actúan con sometimiento pleno a la Constitución, a la Ley y a:

a) Los Tratados Internacionales.
b) Los Derechos Humanos.
c) El Rey.
d) El Derecho.

7. De los siguientes, ¿cuál no es un requisito exigido para la creación de cualquier órgano administrativo?

a) Determinación de su forma de integración en la Administración Pública de que se trate y su dependencia jerárquica.
b) Delimitación de sus funciones y competencias.
c) Dotación de los créditos necesarios para su puesta en marcha y funcionamiento.
d) Identificación de los órganos con los que vayan a causar duplicación de competencias.

8. En cuanto a la competencia de los órganos administrativos:

a) La competencia es renunciable por los órganos que la tengan atribuida.
b) La titularidad y el ejercicio de las competencias atribuidas a los órganos administrativos no podrán ser desconcentradas en otros jerárquicamente dependientes de aquellos.
c) La encomienda de gestión, la delegación de firma y la suplencia no suponen alteración de la titularidad de la competencia, aunque sí de los elementos determinantes de su ejercicio que en cada caso se prevén.
d) Si alguna disposición atribuye competencia a una Administración, sin especificar el órgano que debe ejercerla, se entenderá que la facultad de instruir y resolver los expedientes corresponde a los órganos superiores competentes por razón de la materia y del territorio.

9. En referencia a los órganos administrativos, podrán delegar competencias relativas a:

a) Asuntos que se refieran a relaciones con la Jefatura del Estado.
b) La adopción de disposiciones de carácter general.

c) La resolución de recursos en los órganos administrativos que hayan dictado los actos objeto de recurso.

d) El ejercicio de la potestad sancionadora.

10. En relación con la delegación de competencias entre órganos administrativos, no es cierto que:

a) La delegación puede ser revocada en cualquier momento por el órgano que la haya conferido.

b) La delegación de competencias atribuidas a órganos colegiados, para cuyo ejercicio ordinario se requiera un quórum especial, deberá adoptarse observando, en todo caso, dicho quórum.

c) Las competencias que se ejercen por delegación pueden ser delegadas.

d) No podrán ser delegadas aquellas materias en que así se determine por norma con rango de ley.

11. En cuanto a la delegación de firma, es cierto que:

a) La delegación de firma altera la competencia del órgano delegante.

b) Para su validez es necesaria su publicación.

c) Solo puede delegarse la firma en materias que se ostenten por atribución.

d) En las resoluciones y actos que se firmen por delegación se hará constar la autoridad de procedencia.

12. En relación con los conflictos de atribuciones entre órganos administrativos, no es cierto que:

a) El órgano administrativo que se estime incompetente para la resolución de un asunto remitirá directamente las actuaciones al órgano que considere competente.

b) Los interesados que sean parte en el procedimiento podrán dirigirse al órgano que se encuentre conociendo de un asunto para que decline su competencia y remita las actuaciones al órgano competente.

c) Los interesados podrán dirigirse al órgano que estimen competente para que requiera de inhibición al que esté conociendo del asunto.

d) Los conflictos de atribuciones solo podrán suscitarse entre órganos de una misma Administración relacionados jerárquicamente.

13. En relación con las instrucciones y órdenes de servicio, no es cierto que:

a) El incumplimiento de las instrucciones u órdenes de servicio supone la invalidez de los actos dictados por los órganos administrativos.

b) Son normas de carácter interno, que no han de afectar a los administrados.

c) No requieren un especial procedimiento de elaboración.

d) Su cumplimiento se subordina al conocimiento de las mismas por sus destinatarios.

14. Las autoridades y el personal al servicio de las Administraciones se abstendrán de intervenir en el procedimiento (señala la opción incorrecta):

a) Cuando tengan interés personal en el asunto de que se trate o en otro en cuya resolución pudiera influir la de aquel.

b) Si tienen parentesco de consanguinidad o de afinidad dentro del cuarto grado, con cualquiera de los interesados.

c) Tener amistad íntima con los administradores de entidades o sociedades interesadas o con los asesores, representantes legales o mandatarios que intervengan en el procedimiento.

d) Haber tenido intervención como perito o como testigo en el procedimiento de que se trate.

15. Señala la opción correcta en relación con la abstención en el procedimiento:

a) La actuación de autoridades y personal al servicio de las Administraciones Públicas en los que concurran motivos de abstención implicará, necesariamente, la invalidez de los actos en que hayan intervenido.

b) Los órganos jerárquicamente superiores podrán ordenar a las personas en quienes se dé alguna de las circunstancias señaladas en el art. 23 de la LRJSP que se abstengan de toda intervención en el expediente.

c) La no abstención en los casos en que proceda no dará lugar a responsabilidad.

d) La enemistad manifiesta no es motivo de abstención en el procedimiento de una autoridad de la Administración Pública.

En MADTEST tienes **más preguntas de este tema**, y todos tus avances quedan registrados y se reflejan en el ranking.

¡Supera tus límites con MADTEST!

Solución al test n.º 3

1. a) Lealtad institucional.

2. c) Proximidad a los ciudadanos.

3. a) Transparencia de la actuación administrativa.

4. b) Las actividades materiales de gestión.

5. a) Los intereses generales.

6. d) El Derecho.

7. d) Identificación de los órganos con los que vayan a causar duplicación de competencias.

8. c) La encomienda de gestión, la delegación de firma y la suplencia no suponen alteración de la titularidad de la competencia, aunque sí de los elementos determinantes de su ejercicio que en cada caso se prevén.

9. d) El ejercicio de la potestad sancionadora.

10. c) Las competencias que se ejercen por delegación pueden ser delegadas.

11. d) En las resoluciones y actos que se firmen por delegación se hará constar la autoridad de procedencia.

12. d) Los conflictos de atribuciones solo podrán suscitarse entre órganos de una misma Administración relacionados jerárquicamente.

13. a) El incumplimiento de las instrucciones u órdenes de servicio supone la invalidez de los actos dictados por los órganos administrativos.

14. b) Si tienen parentesco de consanguinidad o de afinidad dentro del cuarto grado, con cualquiera de los interesados.

15. b) Los órganos jerárquicamente superiores podrán ordenar a las personas en quienes se dé alguna de las circunstancias señaladas en el art. 23 de la LRJSP que se abstengan de toda intervención en el expediente.

La Ley 40/2015, de 1 de octubre, de Régimen Jurídico del Sector Público: Las relaciones interadministrativas. Principios generales. Deber de colaboración. Relaciones de cooperación. Relaciones electrónicas entre las Administraciones

1. Una Comisión Bilateral de Cooperación se puede definir como:

a) Un órgano de cooperación, de ámbito sectorial determinado, que reúne, como Presidente, al miembro del Gobierno que, en representación de la Administración General del Estado, resulte competente por razón de la materia, y a los correspondientes miembros de los Consejos de Gobierno, en representación de las CCAA y de las Ciudades de Ceuta y Melilla.

b) Un órgano de cooperación, que reúnen, por un número igual de representantes, a miembros del Gobierno, en representación de la Administración General del Estado, y miembros del Consejo de Gobierno de la Comunidad Autónoma o representantes de la Ciudad de Ceuta o de la Ciudad de Melilla.

c) Un órgano de cooperación, entre el Gobierno de la Nación y los respectivos Gobiernos de las CCAA y está formada por el Presidente del Gobierno, que la preside, y por los Presidentes de las CCAA y de las Ciudades de Ceuta y Melilla.

d) Un órgano de cooperación, entre Administraciones cuyos territorios sean coincidentes o limítrofes, para mejorar la coordinación de la prestación de servicios, prevenir duplicidades y mejorar la eficiencia y calidad de los servicios, creado cuando así lo requiera la proximidad territorial o la concurrencia de funciones administrativas.

2. En el marco de los principios generales de las relaciones interadministrativas, el principio de coordinación supone que cualquier Administración Pública y, singularmente, la Administración General del Estado tiene la obligación de garantizar:

a) La lealtad de las actuaciones de las diferentes Administraciones Públicas afectadas por una misma materia para la consecución de un resultado común, cuando así lo prevé la CE y los Estatutos de Autonomía.

b) La transparencia de las actuaciones de las diferentes Administraciones Públicas afectadas por una misma materia para la consecución de un resultado común, cuando así lo prevé la CE y el resto del ordenamiento jurídico.

c) La proporcionalidad de las actuaciones de las diferentes Administraciones Públicas afectadas por una misma materia para la consecución de un resultado común, cuando así lo prevé la CE y los Estatutos de Autonomía.

d) La coherencia de las actuaciones de las diferentes Administraciones Públicas afectadas por una misma materia para la consecución de un resultado común, cuando así lo prevé la CE y el resto del ordenamiento jurídico.

3. Las relaciones entre la Administración General del Estado o las Administraciones de las Comunidades Autónomas con las Entidades que integran la Administración Local se regirán:

a) Por lo previsto en su normativa específica, en el marco de los principios que inspiran la actuación administrativa de acuerdo con la LPACAP.

b) En lo no previsto en el Título III de la LRJSP, por la legislación básica en materia de régimen local.

c) Por la LRJSP y supletoriamente por lo dispuesto en su normativa específica.

d) Por la legislación básica en materia de régimen local, así como por la normativa de estabilidad presupuestaria y sostenibilidad financiera y supletoriamente por la LRJSP.

4. La eficiencia en la gestión de los recursos públicos supone que:

a) Las Administraciones Públicas asumen compromisos específicos en aras de una acción común.

b) Las Administraciones Públicas compartirán el uso de recursos comunes, salvo que no resulte posible o se justifique en términos de su mejor aprovechamiento.

c) Las Administraciones Públicas tienen el deber de actuar con el resto de Administraciones Públicas para el logro de fines comunes.

d) Las Administraciones Públicas compartirán las competencias, salvo que no resulte posible o se justifique en términos de su mejor aprovechamiento.

5. En el marco del deber de colaboración entre las Administraciones Públicas, las citadas Administraciones deberán:

a) Prestar, en el ámbito propio, la asistencia que las otras Administraciones pudieran solicitar para garantizar, siempre que fuera posible, el ejercicio de las competencias sancionadoras.

b) Ponderar, en el ejercicio de las competencias compartidas, la totalidad de los intereses públicos implicados y, en concreto, aquellos cuya gestión esté encomendada a las otras Administraciones.

c) Facilitar a las otras Administraciones la información que precisen sobre la actividad que desarrollen en el ejercicio de las competencias compartidas o que sea necesaria para que los ciudadanos puedan acceder de la mejor forma posible a la información relativa a una materia.

d) Respetar el ejercicio legítimo por las otras Administraciones de sus competencias.

6. De las técnicas de colaboración entre las Administraciones Públicas podemos citar la siguiente:

a) El suministro de información, datos, documentos o medios probatorios que se hallen a disposición del organismo público o la entidad al que se dirige la solicitud y que la Administración solicitante precise disponer, a modo de información general.

b) La creación y mantenimiento de sistemas integrados de información administrativa con el fin de disponer de datos actualizados, completos y permanentes referentes a los diferentes ámbitos de actividad administrativa en todo el territorio nacional.

c) El deber de asistencia y auxilio, para atender las solicitudes formuladas por otras Administraciones para el mejor ejercicio de sus competencias, en especial cuando la actividad administrativa afecten, exclusivamente, a su ámbito territorial.

d) El suministro de información, datos, documentos o medios probatorios que pudiera obtener el organismo público o la entidad al que se dirige la solicitud para mejorar la gestión de la Administración solicitante.

7. La Conferencia Sectorial es:

a) Un órganos de cooperación de composición bilateral que reúnen, por un número igual de representantes, a miembros del Gobierno, en representación de la Administración General del Estado, y miembros del Consejo de Gobierno de la CCAA o representantes de la Ciudad de Ceuta o de la Ciudad de Melilla.

b) Un órgano de cooperación multilateral entre el Gobierno de la Nación y los respectivos Gobiernos de las CCAA y está formada por el Presidente del Gobierno, que la preside, y por los Presidentes de las CCAA y de las Ciudades de Ceuta y Melilla.

c) Un órgano de cooperación, de composición multilateral y ámbito sectorial determinado, que reúne, como Presidente, al miembro del Gobierno que, en representación de la Administración General del Estado, resulte competente por razón de la materia, y a los correspondientes miembros de los Consejos de Gobierno, en representación de las CCAA y de las Ciudades de Ceuta y Melilla.

d) Una comisión territorial de coordinación, de composición multilateral, entre Administraciones cuyos territorios sean coincidentes o limítrofes, para mejorar la coordinación de la prestación de servicios, prevenir duplicidades y mejorar la eficiencia y calidad de los servicios. Creada cuando así la requiera la proximidad territorial o la concurrencia de funciones administrativas.

8. La convocatoria de las reuniones de una Conferencia Sectorial corresponde:

a) Al Ministro que presida la Conferencia Sectorial, que acordará la convocatoria de las reuniones por iniciativa propia, al menos una vez al año, o cuando lo soliciten, al menos, la tercera parte de sus miembros.

b) Al Presidente del Gobierno, que la preside, que acordará la convocatoria de las reuniones por iniciativa propia, al menos dos veces al año, o cuando lo soliciten, al menos, dos terceras partes de sus miembros.

c) Al Ministro que presida la Conferencia Sectorial, que acordará la convocatoria de las reuniones por iniciativa propia, al menos una vez al trimestre, o cuando lo soliciten, al menos, dos terceras partes de sus miembros.

d) Al Presidente de la Comunidad Autónoma o de las Ciudades de Ceuta y Melilla que le corresponda presidirla cada año, que acordará la convocatoria de las reuniones por iniciativa propia, al menos una vez al trimestre, o cuando lo soliciten, al menos, la tercera parte de sus miembros.

9. Las diferentes Administraciones Públicas actúan y se relacionan con otras Administraciones y entidades u organismos vinculados o dependientes de estas de acuerdo con los siguientes principios:

a) Lealtad institucional; Adecuación al orden de distribución de competencias establecido; Colaboración; Cooperación; Coordinación; Eficiencia en la gestión de los recursos públicos; Responsabilidad de cada Administración Pública en el cumplimiento de sus obligaciones y compromisos; Garantía e igualdad en el ejercicio de los derechos de todos los ciudadanos en sus relaciones con las diferentes Administraciones; Solidaridad interterritorial de acuerdo con la CE.

b) Necesidad; Eficacia; Proporcionalidad; Seguridad jurídica; Transparencia y Eficiencia.

c) Lealtad institucional; Adecuación al orden de distribución de competencias establecido; Colaboración; Eficacia en la gestión de los recursos públicos; Responsabilidad de cada Administración Pública en el cumplimiento de sus obligaciones y compromisos; Garantía e igualdad en el ejercicio de los derechos de todos los ciudadanos en sus relaciones con las diferentes Administraciones.

d) Necesidad; Eficacia; Proporcionalidad; Seguridad jurídica; Transparencia; Eficiencia; Responsabilidad de cada Administración Pública en el cumplimiento de sus obligaciones y compromisos; Garantía e igualdad en el ejercicio de los derechos de todos los ciudadanos en sus relaciones con las diferentes Administraciones; Solidaridad interterritorial de acuerdo con la CE.

10. Podrán crearse Comisiones Territoriales de Coordinación:

a) Cuando el cumplimiento del plazo de transposición de directivas europeas u otras razones justificadas así lo aconsejen.

b) Cuando concurran razones graves de interés público que lo justifiquen.

c) Cuando la proximidad territorial o la concurrencia de funciones administrativas así lo requiera, para mejorar la coordinación de la prestación de servicios, prevenir duplicidades y mejorar la eficiencia y calidad de los servicios.

d) Cuando se produzca conflicto de intereses para intentar solventarlos.

11. ¿Cuál es el régimen de convocatorias de las Comisiones Territoriales de Coordinación?

a) El mismo que el establecido para las Conferencias Sectoriales, en los arts. 149 y 150 de la LRJSP.

b) El que establezca su propio reglamento interno de funcionamiento.

c) El mismo que el establecido para las Conferencias de Presidentes, en el art. 147 de la LRJSP.

d) El mismo que el establecido para las Comisiones Sectoriales, en el art. 153 de la LRJSP.

12. Las obligaciones que se derivan del deber de colaboración se harán efectivas utilizando alguna de estas técnicas:

a) La prestación de medios materiales, económicos o personales a otras Administraciones Públicas.

b) El deber de asistencia y auxilio, para atender las solicitudes formuladas por otras Administraciones para el mejor ejercicio de sus competencias, en especial cuando los efectos de su actividad administrativa se extiendan fuera de su ámbito territorial.

c) La emisión de informes no preceptivos con el fin de que las diferentes Administraciones expresen su criterio sobre propuestas o actuaciones que incidan en sus competencias.

d) Las actuaciones de cooperación en materia patrimonial, incluidos los cambios de titularidad y la cesión de bienes, previstas en la legislación patrimonial.

13. ¿Qué artículo define qué debemos entender por "órganos de cooperación"?

a) El art. 143 de la LRJSP.
b) El art. 145 de la LRJSP.
c) El art. 153 de la LRJSP.
d) El art. 155 de la LRJSP.

14. Se podrá dar cumplimiento al principio de cooperación, de acuerdo con las técnicas que las Administraciones estimen más adecuadas, y entre ellas, podemos citar la siguiente:

a) El suministro de información, datos, documentos o medios probatorios que se hallen a disposición del organismo público o la entidad al que se dirige la solicitud y que la Administración solicitante precise disponer para el ejercicio de sus competencias.

b) La participación en órganos consultivos de otras Administraciones Públicas.

c) La creación y mantenimiento de sistemas integrados de información administrativa con el fin de disponer de datos actualizados, completos y permanentes referentes a los diferentes ámbitos de actividad administrativa en todo el territorio nacional.

d) El deber de asistencia y auxilio, para atender las solicitudes formuladas por otras Administraciones para el mejor ejercicio de sus competencias, en especial cuando los efectos de su actividad administrativa se extiendan fuera de su ámbito territorial.

15. La Conferencia de Presidentes tiene por objeto:

a) La mejora de la coordinación de la prestación de servicios, evitando duplicidades y mejorando la eficiencia y calidad de los servicios.

b) La deliberación de asuntos y la adopción de acuerdos de interés para el Estado y las CCAA.

c) El ejercicio de funciones consultivas, decisorias o de coordinación orientadas a alcanzar acuerdos sobre materias comunes.

d) El ejercicio de funciones de consulta y adopción de acuerdos que tengan por objeto la mejora de la coordinación entre las respectivas Administraciones en asuntos que afecten de forma singular a la Comunidad Autónoma, a la Ciudad de Ceuta o a la Ciudad de Melilla.

En MADTEST tienes **más preguntas de este tema**, y todos tus avances quedan registrados y se reflejan en el ranking.

¡Supera tus límites con MADTEST!

Solución al test n.º 4

1. b) Un órgano de cooperación, que reúnen, por un número igual de representantes, a miembros del Gobierno, en representación de la Administración General del Estado, y miembros del Consejo de Gobierno de la CCAA o representantes de la Ciudad de Ceuta o de la Ciudad de Melilla.

2. d) La coherencia de las actuaciones de las diferentes Administraciones Públicas afectadas por una misma materia para la consecución de un resultado común, cuando así lo prevé la CE y el resto del ordenamiento jurídico.

3. b) En lo no previsto en el Título III de la LRJSP, por la legislación básica en materia de régimen local.

4. b) Las Administraciones Públicas compartirán el uso de recursos comunes, salvo que no resulte posible o se justifique en términos de su mejor aprovechamiento.

5. c) Respetar el ejercicio legítimo por las otras Administraciones de sus competencias.

6. b) La creación y mantenimiento de sistemas integrados de información administrativa con el fin de disponer de datos actualizados, completos y permanentes referentes a los diferentes ámbitos de actividad administrativa en todo el territorio nacional.

7. c) Un órgano de cooperación, de composición multilateral y ámbito sectorial determinado, que reúne, como Presidente, al miembro del Gobierno que, en representación de la Administración General del Estado, resulte competente por razón de la materia, y a los correspondientes miembros de los Consejos de Gobierno, en representación de las CCAA y de las Ciudades de Ceuta y Melilla.

8. a) Al Ministro que presida la Conferencia Sectorial, que acordará la convocatoria de las reuniones por iniciativa propia, al menos una vez al año, o cuando lo soliciten, al menos, la tercera parte de sus miembros.

9. a) Lealtad institucional; Adecuación al orden de distribución de competencias establecido; Colaboración; Cooperación; Coordinación; Eficiencia en la gestión de los recursos públicos; Responsabilidad de cada Administración Pública en el cumplimiento de sus obligaciones y compromisos; Garantía e igualdad en el ejercicio de los derechos de todos los ciudadanos en sus relaciones con las diferentes Administraciones; Solidaridad interterritorial de acuerdo con la CE.

10. c) Cuando la proximidad territorial o la concurrencia de funciones administrativas así lo requiera, para mejorar la coordinación de la prestación de servicios, prevenir duplicidades y mejorar la eficiencia y calidad de los servicios.

11. a) El mismo que el establecido para las Conferencias Sectoriales, en los arts. 149 y 150 de la LRJSP.

12. b) El deber de asistencia y auxilio, para atender las solicitudes formuladas por otras Administraciones para el mejor ejercicio de sus competencias, en especial cuando los efectos de su actividad administrativa se extiendan fuera de su ámbito territorial.

13. b) El art. 145 de la LRJSP.

14. b) La participación en órganos consultivos de otras Administraciones Públicas.

15. b) La deliberación de asuntos y la adopción de acuerdos de interés para el Estado y las CCAA.

TEST N.º 5

Calidad de los servicios públicos de la Junta de Comunidades de Castilla-La Mancha. Cartas de Servicio. Quejas y sugerencias. Sistema corporativo de información, atención y registro. Simplificación de procedimientos y reducción de cargas administrativas

1. Comunicarse con las Administraciones Públicas por medios electrónicos es:

a) Un deber de los ciudadanos.
b) Un derecho de las Administraciones Públicas.
c) Un derecho de los ciudadanos.
d) Un derecho fundamental de los españoles, recogido por la Constitución; y, a la vez, un deber.

2. En sus relaciones con las Administraciones Públicas, los ciudadanos tienen derecho a:

a) Identificar a las autoridades y al personal al servicio de las Administraciones Públicas bajo cuya responsabilidad se tramiten los procedimientos.
b) Utilizar en todo el territorio nacional cualquiera de las lenguas oficiales del país.
c) Acceder, sin restricciones de ningún tipo, a todos los documentos obrantes en cualquier procedimiento en tramitación.
d) Obtener copia de expedientes en tramitación relacionados con su profesión, aunque no tengan la condición de interesados en ello.

3. Según la Ley 39/2015, de 1 de octubre, del Procedimiento Administrativo Común, los ciudadanos, en sus relaciones con las Administraciones Públicas, tienen derecho a obtener -acerca de los requisitos jurídicos o técnicos que las disposiciones vigentes impongan a los proyectos, actuaciones o solicitudes que se propongan realizar- información y:

a) Orientación.
b) Asesoramiento.
c) Control.
d) Sustento.

4. La sede electrónica a través de la cual se facilita el acceso a los servicios y procedimientos de las distintas sedes electrónicas de la Administración Pública correspondiente, se conoce en la LPACAP como:

a) Punto general de acceso.
b) Oficina virtual de referencia.
c) Registro general electrónico.
d) Portal-sede.

5. En relación con el tipo de comunicación del interesado con la Administración, no es cierto que:

a) Las personas físicas puedan elegir en todo momento si se comunican con las Administraciones Públicas para el ejercicio de sus derechos y obligaciones a través de medios electrónicos o no, salvo que estén obligadas a relacionarse a través de medios electrónicos con las Administraciones Públicas.
b) Las Administraciones puedan establecer la obligación de relacionarse con ellas a través de medios electrónicos para determinados procedimientos y para ciertos colectivos de personas físicas.
c) Las personas jurídicas estén obligadas a relacionarse a través de medios electrónicos con las Administraciones Públicas para la realización de cualquier trámite de un procedimiento administrativo.
d) El medio elegido por la persona para comunicarse con las Administraciones Públicas no puede ser modificado a lo largo del procedimiento.

6. No están obligados a relacionarse a través de medios electrónicos con las Administraciones Públicas para la realización de cualquier trámite de un procedimiento administrativo:

a) Las entidades sin personalidad jurídica.
b) Todo aquel que ostente la representación de un interesado.
c) Quienes ejerzan una actividad profesional para la que se requiera colegiación obligatoria, para los trámites y actuaciones que realicen con las Administraciones Públicas en ejercicio de dicha actividad profesional.
d) Las personas jurídicas.

7. Las unidades que tienen como misión informar y asesorar a aquellos emprendedores que pretenden poner en marcha una empresa, posibilitando la realización de todos los trámites necesarios en un mismo espacio, son:

a) Las Oficinas de Información y Registro.
b) Las Ventanillas Únicas de la Directiva de Servicios.
c) Las Ventanillas Únicas Empresariales.
d) Las Oficinas Adelante empresas.

8. Según el artículo 21.4 de la Ley 39/2015 (LPACAP), las Administraciones Públicas deben publicar y mantener actualizadas en el portal web, a efectos informativos, las relaciones de procedimientos de su competencia, con indicación de los plazos máximos de duración de los mismos, así como de:

a) Los órganos que los tramitan.
b) Los efectos que produzca el silencio administrativo.
c) Los modelos de petición de información.
d) Los requisitos para la iniciación de los procedimientos a instancia de los interesados.

9. Según el Decreto 69/2012, de 29 de marzo, por el que se establece el marco general para la mejora de la calidad de los servicios prestados por los órganos y unidades de la Administración de la Junta de Comunidades de Castilla-La Mancha y sus Organismos públicos vinculados o dependientes, los compromisos de calidad de las cartas de servicios deben ser cuantificables y fácilmente:

a) Reconocibles.
b) Cumplibles.
c) Asumibles por el personal al servicio de la Administración Pública.
d) Invocables por los usuarios.

10. Según el Decreto 69/2012, de 29 de marzo, el periodo de validez de las cartas de servicios no puede ser superior a:

a) Dos años.
b) Tres años.
c) Cuatro años.
d) Cinco años.

11. ¿Qué órgano se constituye como oficina de protección de la Carta de Derechos del ciudadano de Castilla-La Mancha?

a) La oficina del Defensor del Pueblo.
b) La Dirección General de Calidad de los Servicios.
c) La Inspección General de Servicios.
d) La Ventanilla Única de la Directiva de Servicios.

12. En base al Decreto 69/2012, de 29 de marzo, señala la respuesta incorrecta en relación con las quejas y sugerencias:

a) No tendrán en ningún caso la consideración de recursos administrativos.
b) Paralizarán los plazos para interponer o resolver dichos recursos.
c) No supondrán la renuncia al ejercicio de otras acciones o derechos reconocidos por el ordenamiento jurídico.

d) Quedan fuera del ámbito de aplicación de este Decreto las quejas y sugerencias que se planteen sobre el funcionamiento del Servicio de Salud de Castilla-La Mancha y las que afecten a otros servicios públicos regionales que dispongan de una regulación específica en la materia, así como las que se presenten ante el Defensor del Pueblo de la nación.

13. Según la Orden de 11 de octubre de 2011, por la que se regula la tramitación de iniciativas, quejas y sugerencias de los ciudadanos sobre el funcionamiento de los servicios y unidades de la Administración de la Junta de Comunidades de Castilla-La Mancha, la Consejería que, por cualquiera de los canales previstos, reciba una queja o sugerencia en materia de su competencia, podrá recabar informe a los órganos, unidades o centros afectados y deberá emitir contestación, a través de la aplicación electrónica, en el plazo máximo, a contar a partir del día siguiente al de la fecha de registro de entrada, de:

a) 10 días hábiles.
b) 15 días hábiles.
c) 20 días naturales.
d) 30 días naturales.

14. Se considera información particular:

a) La referente a la tramitación de procedimientos, a los servicios públicos y prestaciones, así como a cualesquiera otros datos que aquellos tengan necesidad de conocer en sus relaciones con las Administraciones Públicas, en su conjunto, o con alguno de sus ámbitos de actuación.

b) La relativa a la identificación, fines, competencia, estructura, funcionamiento y localización de organismos y unidades administrativas.

c) La concerniente al estado o contenido de los procedimientos en tramitación, y a la identificación de las autoridades y personal al servicio de la Administración y de las entidades de derecho público vinculadas o dependientes de la misma bajo cuya responsabilidad se tramiten aquellos procedimientos.

d) La referida a los requisitos jurídicos o técnicos que las disposiciones impongan a los proyectos, actuaciones o solicitudes que los ciudadanos se propongan realizar.

15. La información general se facilitará obligatoriamente a los ciudadanos:

a) Previa acreditación de legitimación por interés en el procedimiento.
b) Sin exigir para ello la acreditación de legitimación alguna.
c) Previa identificación y registro del solicitante.
d) Siempre que demuestren un interés legítimo.

En MADTEST tienes **más preguntas de este tema**, y todos tus avances quedan registrados y se reflejan en el ranking.

¡Supera tus límites con MADTEST!

Solución al test n.º 5

1. c) Un derecho de los ciudadanos.

2. a) Identificar a las autoridades y al personal al servicio de las Administraciones Públicas bajo cuya responsabilidad se tramiten los procedimientos.

3. a) Orientación.

4. a) Punto general de acceso.

5. d) El medio elegido por la persona para comunicarse con las Administraciones Públicas no puede ser modificado a lo largo del procedimiento.

6. b) Todo aquel que ostente la representación de un interesado.

7. c) Las Ventanillas Únicas Empresariales.

8. b) Los efectos que produzca el silencio administrativo.

9. d) Invocables por los usuarios.

10. a) Dos años.

11. c) La Inspección General de Servicios.

12. b) Paralizarán los plazos para interponer o resolver dichos recursos.

13. b) 15 días hábiles.

14. c) La concerniente al estado o contenido de los procedimientos en tramitación, y a la identificación de las autoridades y personal al servicio de la Administración y de las entidades de derecho público vinculadas o dependientes de la misma bajo cuya responsabilidad se tramiten aquellos procedimientos.

15. b) Sin exigir para ello la acreditación de legitimación alguna.

TEST N.º 6

La transparencia en la Administración de la Junta de Comunidades de Castilla-La Mancha: publicidad activa y derecho de acceso a la información pública. Régimen jurídico de los Archivos de Castilla-La Mancha

1. Según lo previsto en el artículo 31 de la Ley 4/2016, de 15 de diciembre, de Transparencia y Buen Gobierno de Castilla-La Mancha, se inadmitirán a trámite, mediante resolución motivada, las solicitudes de acceso a la información:

a) Relativas a los intereses económicos y turísticos.

b) Relativas a la garantía de la confidencialidad o el secreto requerido en procesos de toma de decisión.

c) Relativas a información para cuya divulgación sea necesaria una acción previa de reelaboración.

d) Relativas a infraestructuras críticas.

2. El acceso a la información pública requiere:

a) Solicitud previa.

b) Acreditación de la condición de interesado.

c) Motivación expresa.

d) La utilización de medios telemáticos.

3. Cuando la información pública solicitada no contuviera datos especialmente protegidos, el órgano al que se dirija la solicitud concederá el acceso previa .... suficientemente razonada del interés público en la divulgación de la información y los derechos de los afectados cuyos datos aparezcan en la información solicitada, en particular su derecho fundamental a la protección de datos de carácter personal. Señala la palabra que falta:

a) Catalogación.

b) Acreditación.

c) Ponderación.

d) Identificación.

4. El incumplimiento reiterado de la obligación de resolver en plazo procedimientos de acceso a la información pública:

a) Tendrá la consideración de infracción grave.
b) Tendrá la consideración de infracción muy grave.
c) Tendrá la consideración de infracción leve.
d) No tendrá la consideración de infracción.

5. A aquel gobierno que promueve una comunicación y un diálogo de calidad con los ciudadanos con el fin de facilitar su participación y colaboración en las políticas públicas, que garantiza la información y la transparencia de su actuación para fomentar la rendición de cuentas, y que diseña sus estrategias en un marco de gobernanza multinivel, se le denomina:

a) Gobierno democrático.
b) Gobierno electrónico.
c) Gobierno 2.0.
d) Gobierno abierto.

6. Según el artículo 2 de la Ley 4/2016, cualquier persona podrá acceder a la información pública, atendiendo en particular a las necesidades de las personas con circunstancias especiales que les dificulten el ejercicio del derecho, conforme al principio de:

a) Igualdad de oportunidades.
b) No discriminación.
c) Eficacia.
d) Accesibilidad.

7. Señala la respuesta incorrecta. Según el preámbulo de la Ley 19/2013, de 9 de diciembre, de transparencia, acceso a la información pública y buen gobierno, los 3 ejes fundamentales de toda acción política deben ser:

a) La transparencia.
b) La promoción de la administración electrónica.
c) El acceso a la información pública.
d) Las normas de buen gobierno.

8. En virtud del artículo 12.1 de la Ley 4/2016, ¿deben publicar las Administraciones Públicas, en el ámbito de sus competencias, las directrices, instrucciones, acuerdos, circulares o respuestas a consultas planteadas por los particulares u otros órganos?

a) No, en ningún caso.
b) Sí, en todo caso.
c) Sí, siempre que no tengan efectos jurídicos.
d) Sí, en la medida en que supongan una interpretación del Derecho o tengan efectos jurídicos.

9. Señala la respuesta incorrecta. El derecho de acceso a la información pública podrá ser limitado cuando acceder a la información suponga un perjuicio para:

a) Los intereses económicos y comerciales.
b) La garantía de la confidencialidad o el secreto requerido en procesos de toma de decisión.
c) El honor de los funcionarios o cargos directivos.
d) La protección del medio ambiente.

10. No es una causa de inadmisión de las solicitudes de acceso a la información pública:

a) Que se refieran a información que esté en curso de elaboración o de publicación general.
b) Que se dirijan a un órgano en cuyo poder obre la información aunque no se conozca el competente.
c) Que sean manifiestamente repetitivas.
d) Que se refieran a información para cuya divulgación sea necesaria una acción previa de reelaboración.

11. Cuando la solicitud de información pública no identifique de forma suficiente la información, se pedirá al solicitante que la concrete en un plazo de:

a) 10 días.
b) 15 días.
c) 20 días.
d) 30 días.

12. La resolución en la que se conceda o deniegue el acceso a información pública deberá notificarse al solicitante y a los terceros afectados que así lo hayan solicitado en el plazo máximo, desde la recepción de la solicitud por el órgano competente para resolver, de:

a) 10 días.
b) 15 días.
c) 20 días.
d) 1 mes.

13. ¿En virtud de qué principio la información pública ha de ser cierta y exacta, asegurando que procede de documentos respecto de los que se ha verificado su autenticidad, fiabilidad, integridad, disponibilidad y cadena de custodia?

a) En virtud del principio de transparencia.
b) En virtud del principio de responsabilidad.
c) En virtud del principio de veracidad.
d) En virtud del principio de utilidad.

14. Según el artículo 5 de la Ley 4/2016, deberán cumplir las obligaciones de publicidad establecidas en la legislación básica estatal las entidades privadas, las corporaciones, asociaciones, instituciones y otras entidades representativas de intereses colectivos, que perciban durante el periodo de un año ayudas o subvenciones públicas en cuantía superior a:

a) 5.000 euros.
b) 30.000 euros.
c) 60.000 euros.
d) 100.000 euros.

15. El Consejo Regional de Transparencia y Buen Gobierno es un órgano adscrito a:

a) Las Cortes de Castilla-La Mancha.
b) La Presidencia de la Junta de Comunidades de Castilla-La Mancha.
c) La Consejería de Hacienda, Administraciones Públicas y Transformación Digital.
d) La Vicepresidencia Primera del Gobierno de Castilla-La Mancha.

En MADTEST tienes **más preguntas de este tema**, y todos tus avances quedan registrados y se reflejan en el ranking.

¡Supera tus límites con MADTEST!

Solución al test n.º 6

1. c) Relativas a información para cuya divulgación sea necesaria una acción previa de reelaboración.

2. a) Solicitud previa.

3. c) Ponderación.

4. a) Tendrá la consideración de infracción grave.

5. d) Gobierno abierto.

6. d) Accesibilidad.

7. b) La promoción de la administración electrónica.

8. d) Sí, en la medida en que supongan una interpretación del Derecho o tengan efectos jurídicos.

9. c) El honor de los funcionarios o cargos directivos.

10. b) Que se dirijan a un órgano en cuyo poder obre la información aunque no se conozca el competente.

11. a) 10 días.

12. d) 1 mes.

13. c) En virtud del principio de veracidad.

14. c) 60.000 euros.

15. a) Las Cortes de Castilla-La Mancha.

Conceptos básicos de Seguridad de la Información. La protección de datos: principios, derechos de los ciudadanos y ficheros de titularidad pública

1. El Esquema Nacional de Seguridad está constituido por los principios básicos y requisitos mínimos que garanticen adecuadamente la seguridad de la información tratada. Entre los principios básicos figura:

a) Protección de las instalaciones.
b) Seguridad por defecto.
c) Reevaluación periódica.
d) Prevención ante otros sistemas de información interconectados.

2. Los principios básicos y requisitos mínimos requeridos para una protección adecuada de la información constituyen:

a) El Esquema Nacional de Seguridad.
b) El Esquema Nacional de Interoperabilidad.
c) La estrategia TIC.
d) El Plan de Transformación digital de la Administración General del Estado.

3. La letra [C] señala, en relación con la seguridad de la información o de los sistemas, una dimensión de seguridad de:

a) Cualificación.
b) Confidencialidad.
c) Capacitación.
d) Certificación.

4. Un incidente de seguridad que afecte a alguna de las dimensiones de seguridad supone un perjuicio muy grave sobre las funciones de la organización, sobre sus activos o sobre los individuos afectados, cuando:

a) Reduzca de forma apreciable la capacidad de la organización para atender eficazmente sus funciones y competencias, aunque estas sigan desempeñándose.
b) Cause un daño significativo en los activos de la organización.

c) Cause un perjuicio significativo a algún individuo, de difícil reparación.

d) Anule efectivamente la capacidad de la organización para desarrollar eficazmente sus funciones y competencias.

5. ¿En virtud de qué principio previsto por el Reglamento General de Protección de Datos, los datos personales serán adecuados, pertinentes y limitados a lo necesario en relación con los fines para los que son tratados?

a) Principio de exactitud.
b) Principio de limitación de la finalidad.
c) Principio de responsabilidad proactiva.
d) Principio de minimización de datos.

6. En relación con el consentimiento, el Reglamento General de Protección de Datos dispone que:

a) El consentimiento puede deducirse del silencio o de la inacción de los ciudadanos.
b) Se permite el llamado consentimiento tácito.
c) No es admisible el consentimiento del interesado dado en el contexto de una declaración escrita que también se refiera a otros asuntos.
d) Quienes recopilen datos personales deben ser capaces de demostrar que el afectado les otorgó su consentimiento.

7. Según el artículo 5 del Reglamento (UE) 2016/679, de 27 de abril, relativo a la protección de las personas físicas en lo que respecta al tratamiento de datos personales y a la libre circulación de estos datos, los datos personales serán tratados, en relación con el interesado, de manera lícita, leal y:

a) Fiable.
b) Segura.
c) Confidencial.
d) Transparente.

8. Según el Reglamento (UE) 2016/679, de 27 de abril, relativo a la protección de las personas físicas en lo que respecta al tratamiento de datos personales y a la libre circulación de estos datos, para poder considerar que el consentimiento del interesado para el tratamiento de sus datos personales es inequívoco:

a) Se requerirá declaración jurada del interesado donde manifieste su conformidad.
b) Se precisa contrato de cesión de datos personales.
c) Deberá existir una declaración del interesado o una acción positiva que manifieste su conformidad.
d) Bastará con el consentimiento por silencio, casillas ya marcadas o inacción.

9. Cuando los plazos se señalen por días en el RGPD o en la LO 3/2018, se entiende que estos:

a) Son naturales.

b) Son hábiles, de lunes a sábado; excluyéndose del cómputo los domingos y los declarados festivos.

c) Son naturales; excluyéndose del cómputo los declarados festivos.

d) Son hábiles, excluyéndose del cómputo los sábados, los domingos y los declarados festivos.

10. Es correcto, conforme a la disposición adicional 3ª de la LO 3/2018, que:

a) Cuando los plazos se señalen por días, se entiende que estos son naturales.

b) Si el plazo se fija en semanas, concluirá el día anterior al día de la semana en que se produjo el hecho que determina su iniciación en la semana de vencimiento.

c) Si el plazo se fija en años, concluirá el mismo día en que se produjo el hecho que determina su iniciación en el año de vencimiento.

d) Cuando el último día del plazo sea inhábil, se entenderá adelantado al último día hábil anterior.

11. ¿Cómo denomina el RGPD el tratamiento de datos personales de manera tal que ya no puedan atribuirse a un interesado sin utilizar información adicional, siempre que dicha información adicional figure por separado y esté sujeta a medidas técnicas y organizativas destinadas a garantizar que los datos personales no se atribuyan a una persona física identificada o identificable?

a) Seudonimización.

b) Anonimización.

c) Generalización.

d) Encriptación.

12. Conforme al artículo 3 de la LO 3/2018, las personas vinculadas al fallecido por razones familiares o de hecho así como sus herederos:

a) No podrán dirigirse al responsable o encargado del tratamiento para solicitar el acceso a los datos personales de aquella, si no es por vía judicial.

b) Solo podrán dirigirse al encargado del tratamiento, siempre que sea con objeto de rectificar datos manifiestamente falsos.

c) Podrán dirigirse al responsable o encargado del tratamiento siempre que sea con objeto de solicitar la supresión de los datos personales de aquella sin posibilidad de acceder a ellos.

d) Podrán dirigirse al responsable o encargado del tratamiento al objeto de solicitar el acceso a los datos personales de aquella y, en su caso, su rectificación o supresión.

13. El artículo 4 de la LO 3/2018 señala que, conforme al artículo 5.1.d) del Reglamento (UE) 2016/679, los datos serán exactos y, si fuere necesario:

a) Actualizados.
b) Aproximados.
c) Normalizados.
d) Digitalizados.

14. Señala la opción incorrecta. No será imputable al responsable del tratamiento, siempre que este haya adoptado todas las medidas razonables para que se supriman o rectifiquen sin dilación, la inexactitud de los datos personales, con respecto a los fines para los que se tratan, cuando los datos inexactos:

a) Hubiesen sido obtenidos por el responsable directamente del encargado.

b) Hubiesen sido obtenidos por el responsable de un mediador o intermediario en caso de que las normas aplicables al sector de actividad al que pertenezca el responsable del tratamiento establecieran la posibilidad de intervención de un intermediario o mediador que recoja en nombre propio los datos de los afectados para su transmisión al responsable.

c) Fuesen sometidos a tratamiento por el responsable por haberlos recibido de otro responsable en virtud del ejercicio por el afectado del derecho a la portabilidad.

d) Fuesen obtenidos de un registro público por el responsable.

15. Conforme al artículo 5.1 de la LO 3/2018, estarán sujetas al deber de confidencialidad:

a) Únicamente los responsables del tratamiento.
b) Los responsables y encargados del tratamiento.
c) Los responsables y encargados del tratamiento de datos así como todas las personas que intervengan en cualquier fase de este.
d) Los responsables y encargados del tratamiento de datos así como todas las personas que intervengan en todas las fases de este.

En MADTEST tienes **más preguntas de este tema**, y todos tus avances quedan registrados y se reflejan en el ranking.

¡Supera tus límites con MADTEST!

Solución al test n.º 7

1. c) Reevaluación periódica.

2. a) El Esquema Nacional de Seguridad.

3. b) Confidencialidad.

4. d) Anule efectivamente la capacidad de la organización para desarrollar eficazmente sus funciones y competencias.

5. d) Principio de minimización de datos.

6. d) Quienes recopilen datos personales deben ser capaces de demostrar que el afectado les otorgó su consentimiento.

7. d) Transparente.

8. c) Deberá existir una declaración del interesado o una acción positiva que manifieste su conformidad.

9. d) Son hábiles, excluyéndose del cómputo los sábados, los domingos y los declarados festivos.

10. c) Si el plazo se fija en años, concluirá el mismo día en que se produjo el hecho que determina su iniciación en el año de vencimiento.

11. a) Seudonimización.

12. d) Podrán dirigirse al responsable o encargado del tratamiento al objeto de solicitar el acceso a los datos personales de aquella y, en su caso, su rectificación o supresión.

13. a) Actualizados.

14. a) Hubiesen sido obtenidos por el responsable directamente del encargado.

15. c) Los responsables y encargados del tratamiento de datos así como todas las personas que intervengan en cualquier fase de este.

TEST N.º 8

La organización del personal de la Administración de la Junta de Comunidades de Castilla-La Mancha. El Texto Refundido de la Ley del Estatuto Básico del Empleado Público. La Ley de Empleo Público de Castilla-La Mancha

1. Basándonos en el artículo 8 del Texto Refundido de la Ley del Estatuto Básico del Empleado Público, señala cuál de los siguientes no es una clase de empleado público:

a) Funcionario de carrera.
b) Personal laboral.
c) Funcionario interino.
d) Funcionario eventual.

2. Según la Ley 4/2011, pueden nombrarse funcionarios interinos por exceso o acumulación de tareas por plazo:

a) Máximo de seis meses, dentro de un periodo de doce meses.
b) Mínimo de 6 meses y máximo de 12 meses.
c) Máximo de 12 meses.
d) Máximo de 12 meses dentro de un periodo de 3 años.

3. La renuncia voluntaria a la condición de funcionario:

a) Inhabilita para ingresar de nuevo en la Administración Pública.
b) No requiere aceptación expresa por la Administración.
c) Será aceptada expresamente cuando el funcionario esté sujeto a expediente disciplinario o haya sido dictado en su contra auto de procesamiento o de apertura de juicio oral por la comisión de algún delito.
d) Debe ser manifestada por escrito.

4. ¿Pueden los órganos de gobierno de las Administraciones Públicas conceder la rehabilitación de quien hubiera perdido la condición de funcionario por haber sido condenado a la pena principal o accesoria de inhabilitación?

a) No, en ningún caso.
b) Excepcionalmente, atendiendo a las circunstancias y entidad del delito cometido.
c) Solo cuando se trate de una inhabilitación provisional.
d) Sí, cuando la inhabilitación se tratara de una pena accesoria.

5. La Oferta de empleo público o instrumento similar comportará la obligación de convocar los correspondientes procesos selectivos para las plazas comprometidas y hasta:

a) Un 10 % adicional.
b) Un 15 % adicional.
c) Un 20 % adicional.
d) Un 30 % adicional.

6. El acceso al empleo público se efectuará de acuerdo con los principios constitucionales de (señala la respuesta incorrecta):

a) Capacidad.
b) Mérito.
c) Igualdad.
d) Participación.

7. En las ofertas de empleo público se reservará un cupo de las vacantes para ser cubiertas entre personas con discapacidad, no inferior al:

a) 2 %.
b) 5 %.
c) 7 %.
d) 10 %.

8. ¿Puede utilizarse el sistema de concurso de valoración de méritos para la selección de personal funcionario de carrera?

a) No, solo se permiten los sistemas de oposición y concurso-oposición.
b) Excepcionalmente, en virtud de ley.
c) Sí, es uno de los sistemas permitidos.
d) Únicamente para la consolidación de empleo.

9. ¿Cuál de los siguientes no es un sistema de selección de personal laboral fijo en la Administración Pública?

a) Transferencia o cesión.
b) Oposición.
c) Concurso-oposición.
d) Concurso de valoración de méritos.

10. La pena principal o accesoria, a un funcionario público, de inhabilitación absoluta cuando hubiere adquirido firmeza la sentencia que la imponga, produce:

a) La suspensión de todas sus funciones públicas.
b) La pérdida de la condición de funcionario respecto a todos los empleos o cargos que tuviere.
c) La pérdida de la condición de funcionario respecto a todos los empleos o cargos que tuviere, excepto los cargos electivos.
d) La excedencia forzosa.

11. ¿Pueden los órganos de selección proponer el acceso a la condición de funcionario de un número superior de aprobados al de plazas convocadas?

a) No, en ningún caso.
b) Sí, siempre que no sobrepasen el 10 % de las plazas convocadas, con objeto de cubrir posibles renuncias de los aspirantes seleccionados.
c) Sí, si así lo prevé la propia convocatoria.
d) Sí, a efectos de creación de listas de reserva.

12. El conjunto ordenado de oportunidades de ascenso y expectativas de progreso profesional conforme a los principios de igualdad, mérito y capacidad, se denomina:

a) Evaluación del desempeño.
b) Promoción profesional.
c) Promoción interna.
d) Carrera profesional.

13. El procedimiento mediante el cual se mide y valora la conducta profesional y el rendimiento o el logro de resultados de los empleados públicos, se denomina:

a) Carrera horizontal.
b) Evaluación del desempeño.
c) Concurso de méritos.
d) Mapa de competencias.

14. Las funcionarias víctimas de violencia de género que se vean obligadas a abandonar el puesto de trabajo en la localidad donde venían prestando sus servicios, para hacer efectiva su protección o el derecho a la asistencia social integral, tendrán derecho al traslado a otro puesto de trabajo propio de su cuerpo, escala o categoría profesional, de análogas características, sin necesidad de que sea vacante de necesaria cobertura. Este traslado tendrá la consideración de:

a) Traslado voluntario.
b) Traslado forzoso.

c) Traslado definitivo.

d) Permuta.

15. A tenor del artículo 14 del EBEP los empleados públicos tienen derecho a:

a) A la inamovilidad en la condición de funcionario de carrera.

b) A la formación continua y a la actualización permanente de sus conocimientos y capacidades profesionales, preferentemente fuera del horario laboral.

c) A la libertad de expresión, sin restricción alguna.

d) A participar en la consecución de los objetivos atribuidos a la unidad donde preste sus servicios y a ser consultado por sus superiores por las tareas a desarrollar.

En MADTEST tienes **más preguntas de este tema**, y todos tus avances quedan registrados y se reflejan en el ranking.

¡Supera tus límites con MADTEST!

Solución al test n.º 8

1. d) Funcionario eventual.

2. a) Máximo de seis meses, dentro de un periodo de doce meses.

3. d) Debe ser manifestada por escrito.

4. b) Excepcionalmente, atendiendo a las circunstancias y entidad del delito cometido.

5. a) Un 10% adicional.

6. d) Participación.

7. c) 7 %.

8. b) Excepcionalmente, en virtud de ley.

9. a) Transferencia o cesión.

10. b) La pérdida de la condición de funcionario respecto a todos los empleos o cargos que tuviere.

11. c) Sí, si así lo prevé la propia convocatoria.

12. d) Carrera profesional.

13. b) Evaluación del desempeño.

14. b) Traslado forzoso.

15. a) A la inamovilidad en la condición de funcionario de carrera.

El presupuesto de la Junta de Comunidades de Castilla-La Mancha. La ejecución del presupuesto. Régimen jurídico y presupuestario de las subvenciones públicas en la Administración de la Junta de Comunidades de Castilla-La Mancha

1. En materia presupuestaria, la ejecución de los Presupuestos corresponde al Poder:

a) Ejecutivo.
b) Legislativo.
c) Judicial.
d) Administrativo.

2. Una de las siguientes no es característica de los Presupuestos Generales:

a) Son expresión cifrada.
b) Son expresión conjunta.
c) Tiene carácter anual.
d) Tienen carácter administrativo.

3. ¿Qué ocurre si la Ley de Presupuestos de nuestra Comunidad Autónoma no se aprobara antes del primer día del ejercicio económico correspondiente?

a) Se prorroga la del año anterior por otro año más.
b) Se consideran automáticamente prorrogados los Presupuestos del ejercicio anterior hasta la aprobación y publicación de los nuevos.
c) Se considerarán automáticamente prorrogados los Presupuestos del ejercicio anterior por seis meses más.
d) El Poder Ejecutivo deberá confeccionar otros Presupuestos.

4. El Capítulo V de la clasificación económica del Presupuesto de Gastos se denomina:

a) Transferencias de corrientes.
b) Inversiones reales.

c) Ninguna es correcta.
d) Gastos de personal.

5. En la clasificación económica del estado de ingresos de los Presupuestos Generales de la Comunidad Autónoma de Castilla-La Mancha, ¿qué capítulo contempla las "Transferencias de Capital"?

a) El Capítulo 1.
b) El Capítulo 2.
c) El Capítulo 4.
d) El Capítulo 7.

6. En la clasificación económica del estado de ingresos de los Presupuestos Generales de la Comunidad Autónoma de Castilla-La Mancha, ¿cómo se denomina el Capítulo 3?

a) Transferencias corrientes.
b) Impuestos directos.
c) Tasas, precios públicos y otros ingresos.
d) Ingresos Patrimoniales.

7. ¿Cómo se llama la Ley que regula anualmente los Presupuestos Generales de la Comunidad Autónoma de Castilla-La Mancha?

a) Ley de Hacienda.
b) Ley General Presupuestaria.
c) Ley de Presupuestos Generales.
d) Ley General Tributaria y Presupuestaria.

8. ¿A quién corresponde el examen, enmienda y aprobación de los Presupuestos Generales de la Comunidad Autónoma de Castilla-La Mancha?

a) Al Gobierno de la Región.
b) Al Tribunal de Cuentas.
c) A las Cortes de Castilla-La Mancha.
d) Al Ministerio de Hacienda.

9. ¿Existe la obligación de publicar los Presupuestos Generales de la Comunidad Autónoma de Castilla-La Mancha?

a) No.
b) Sí, cuando lo ordenen las Cortes.
c) Sí, en el DOCM y en los periódicos de mayor tirada de cada provincia.
d) Sí, en el DOCM, dado que han de ser aprobados por la ley y las leyes autónomas se publican en el indicado Boletín.

10. El estado de ingresos del Presupuesto de la Comunidad de Castilla-La Mancha será elaborado por:

a) La Consejería de Economía y Hacienda.
b) Cada Consejería, respecto a su departamento.
c) La Presidencia del Gobierno.
d) Las Cortes.

11. ¿Qué artículo del Texto Refundido de la Ley de Hacienda de nuestra Comunidad Autónoma atribuye a la Consejería de Economía y Hacienda ejercer la superior autoridad sobre la ordenación de pagos y su efectiva realización?

a) 28.
b) 9.
c) 30.
d) 45.

12. El anteproyecto de la Ley de Presupuestos de la Comunidad de Castilla-La Mancha deberá acompañar:

a) Un informe económico y financiero.
b) El inventario general de la Comunidad cerrado a 31 de diciembre del ejercicio anterior.
c) Anexo de proyectos de inversión pública.
d) La plantilla presupuestaria del personal, así como todas las opciones anteriores.

13. En el caso de que se prorrogasen los Presupuestos, ¿quién determinará las condiciones específicas a que traten de ajustarse los mismos?

a) La Consejería de Economía y Hacienda.
b) El Consejo de Gobierno, a propuesta de la Consejería de Economía y Hacienda.
c) El Consejero de Presidencia.
d) Las Cortes.

14. ¿Dónde se presupuestan los ingresos que piensan obtenerse por la venta de bienes de capital propiedad de la Comunidad de Castilla-La Mancha?

a) En el Capítulo VII.
b) En el Capítulo VI.
c) En el Capítulo I.
d) En el Capítulo II.

15. Las fases del procedimiento de ejecución del gasto son las siguientes:

a) Autorización del gasto y ordenación del pago.
b) De gestión, intervención.

c) De gestión, intervención y contable.

d) Ordenación del pago y del gasto.

En MADTEST tienes **más preguntas de este tema**, y todos tus avances quedan registrados y se reflejan en el ranking.

¡Supera tus límites con MADTEST!

Solución al test n.º 9

1. a) Ejecutivo.

2. d) Tienen carácter administrativo.

3. b) Se consideran automáticamente prorrogados los Presupuestos del ejercicio anterior hasta la aprobación y publicación de los nuevos.

4. c) Ninguna es correcta.

5. d) El Capítulo 7.

6. c) Tasas, precios públicos y otros ingresos.

7. c) Ley de Presupuestos Generales.

8. c) A las Cortes de Castilla-La Mancha.

9. d) Sí, en el DOCM, dado que han de ser aprobados por la ley y las leyes autónomas se publican en el indicado Boletín.

10. a) La Consejería de Economía y Hacienda.

11. b) 9.

12. d) La plantilla presupuestaria del personal, así como todas las opciones anteriores.

13. b) El Consejo de Gobierno, a propuesta de la Consejería de Economía y Hacienda.

14. b) En el Capítulo VI.

15. d) Ordenación del pago y del gasto.

TEST N.º 10

El Estatuto de Autonomía de Castilla-La Mancha. La organización territorial de Castilla-La Mancha. La Administración Local en Castilla-La Mancha. El Gobierno y la Administración Regional: estructura, organización y régimen jurídico de la Administración de la Junta de Comunidades de Castilla-La Mancha

1. No está recogido expresamente en el Estatuto de Autonomía de Castilla-La Mancha:

a) Consejo Consultivo.
b) El Presidente de la Junta de Comunidades.
c) La ciudad de Toledo como sede de las Cortes de Castilla-La Mancha.
d) La ciudad de Albacete como sede del Tribunal Superior de Justicia de Castilla-La Mancha.

2. Según el Estatuto de Autonomía de Castilla-La Mancha, en materia de productos farmacéuticos, corresponde a la Junta de Comunidades:

a) La función ejecutiva.
b) El desarrollo legislativo únicamente.
c) La competencia exclusiva.
d) El desarrollo legislativo y la ejecución.

3. Según el Estatuto de Autonomía de Castilla-La Mancha:

a) La moción de censura no podrá ser votada hasta que transcurran diez días desde su presentación.
b) La cuestión de confianza podrá ser utilizada respecto de la Ley de Presupuestos de la región.
c) La cuestión de confianza sobre cualquier tema de interés regional no podrá ser planteada más de una vez en cada periodo de sesiones.
d) La cuestión de confianza sobre un proyecto de ley no podrá ser planteada más de una vez en cada periodo de sesiones.

4. Según el Estatuto de Autonomía de Castilla-La Mancha, en materia de espacios naturales protegidos corresponde a la Junta de Comunidades:

a) La función ejecutiva.
b) El desarrollo legislativo y la ejecución.
c) El desarrollo legislativo únicamente.
d) La competencia exclusiva.

5. Gozan de condición política de ciudadanos de Castilla-La Mancha:

a) Los que de acuerdo a las leyes municipales tengan vecindad administrativa en cualquiera de los municipios de la región.
b) Los españoles residentes en el extranjero que hayan tenido la última vecindad administrativa en cualquiera de los municipios de la región y acrediten esta condición en el correspondiente Consulado de España.
c) Los ascendientes, si así lo solicitan, siempre que figuren inscritos como españoles en la forma que determine la Ley del Estado.
d) Todas son correctas.

6. Si una propuesta de reforma del Estatuto de Autonomía de Castilla-La Mancha no es aprobada por las Cortes de Castilla-La Mancha o por las Cortes Generales, no podrá ser sometida nuevamente a debate y votación hasta que haya transcurrido:

a) Un trimestre.
b) Un semestre.
c) Una legislatura.
d) Un año.

7. Según el Estatuto de Autonomía de Castilla-La Mancha, el órgano estatal competente convocará los concursos y oposiciones para cubrir las plazas vacantes en la región, de Magistrados, Jueces, Secretarios Judiciales y restante personal al servicio de la Administración de Justicia, a instancia del:

a) Consejo de Gobierno.
b) Pleno de las Cortes de Castilla-La Mancha.
c) Titular de la Consejería competente en materia de justicia.
d) Ministerio de Justicia.

8. Según el Estatuto de Autonomía de Castilla-La Mancha, los miembros del Consejo de Gobierno:

a) No podrán ser superior a diez, requiriéndose para su nombramiento ser mayor de edad y disfrutar de los derechos de sufragio activo y pasivo.
b) Serán elegidos por las Cortes de Castilla-La Mancha, a propuesta del Presidente del Consejo de Gobierno.

c) Tienen acceso a las sesiones plenarias de las Cortes de Castilla-La Mancha y de sus Comisiones y la facultad de hacerse oír en ellas.

d) Serán nombradas por el Rey, a propuesta del Presidente del Consejo de Gobierno.

9. Teniendo en cuenta la Ley 2/1991, de 14 de marzo, de Coordinación de Diputaciones, señala la afirmación correcta en relación con el Consejo Regional de Provincias:

a) Tendrá carácter deliberante y consultivo.

b) Los representantes de las Diputaciones serán nombrados por el Consejo de Gobierno.

c) Es un órgano permanente de coordinación y control.

d) Será presidido rotatoriamente, cada dos años, por un Presidente de Diputación.

10. En relación con la elección de los Diputados en Castilla-La Mancha, es cierto que:

a) Están sujetos a mandato imperativo.

b) Serán elegidos por un plazo de cinco años de acuerdo con un sistema de representación proporcional que asegure la representación de las diversas zonas del territorio de la región.

c) Las elecciones serán convocadas por el Consejo de Gobierno de Castilla-La Mancha.

d) Ninguna es correcta.

11. Las Cortes de Castilla-La Mancha están constituidas por:

a) Un mínimo de 25 Diputados y un máximo de 35.

b) Un mínimo de 30 Diputados y un máximo de 25.

c) Un mínimo de 35 Diputados y un máximo de 30.

d) Un máximo de 35 Diputados sin mínimo establecido.

12. Es cierto en relación con las sesiones extraordinarias que:

a) Serán convocadas por el Consejo de Gobierno.

b) Serán convocadas a petición del Presidente del Consejo de Gobierno.

c) Serán convocadas a petición de una cuarta parte de los Diputados.

d) Se clausuran al día siguiente de ser convocadas.

13. ¿A qué órgano le corresponde la acción política y administrativa regional?

a) Al Presidente de las Cortes.

b) A la Junta.

c) Al Consejo de Gobierno.

d) A la Diputación.

14. Una de las siguientes competencias de las Cortes de Castilla-La Mancha no es correcta:

a) Ejercer la potestad legislativa de la región; las Cortes de Castilla-La Mancha solo podrán delegar esta potestad en el Consejo de Gobierno, en los términos que establecen los artículos ochenta y dos, ochenta y tres y ochenta y cuatro de la Constitución, para el supuesto de la delegación legislativa de las Cortes Generales al Gobierno de la Nación y en el marco de lo establecido en el presente Estatuto.

b) Controlar la acción ejecutiva del Consejo de Gobierno, aprobar los presupuestos y ejercer las otras competencias que le sean atribuidas por la Constitución, por el presente Estatuto y por las demás normas del ordenamiento jurídico.

c) Establecer y exigir tributos de acuerdo con la Constitución, el presente Estatuto y las correspondientes leyes del Estado.

d) Aprobar los convenios que acuerden las Cortes, con otras Comunidades Autónomas en los términos establecidos por el apartado dos del artículo ciento cuarenta y cinco de la Constitución.

15. El cese del Presidente se contempla en el artículo 8 de la Ley 11/2003, de 25 de septiembre. Según el mismo, el Presidente de la Junta de Comunidades de Castilla-La Mancha cesa. Señala la respuesta incorrecta:

a) Por renuncia o dimisión.

b) Por la pérdida de la confianza parlamentaria.

c) Por la elección de nuevo Presidente tras la celebración de las elecciones regionales.

d) Por resolución administrativa firme que conlleve la inhabilitación para el ejercicio de cargos o empleos públicos.

En MADTEST tienes **más preguntas de este tema**, y todos tus avances quedan registrados y se reflejan en el ranking.

¡Supera tus límites con MADTEST!

Solución al test n.º 10

1. c) La ciudad de Toledo como sede de las Cortes de Castilla-La Mancha.

2. a) La función ejecutiva.

3. d) La cuestión de confianza sobre un proyecto de ley no podrá ser planteada más de una vez en cada periodo de sesiones.

4. b) El desarrollo legislativo y la ejecución.

5. b) Los españoles residentes en el extranjero que hayan tenido la última vecindad administrativa en cualquiera de los municipios de la región y acrediten esta condición en el correspondiente Consulado de España.

6. d) Un año.

7. a) Consejo de Gobierno.

8. c) Tienen acceso a las sesiones plenarias de las Cortes de Castilla-La Mancha y de sus Comisiones y la facultad de hacerse oír en ellas.

9. a) Tendrá carácter deliberante y consultivo.

10. d) Ninguna es correcta.

11. a) Un mínimo de 25 Diputados y un máximo de 35.

12. b) Serán convocadas a petición del Presidente del Consejo de Gobierno.

13. c) Al Consejo de Gobierno.

14. d) Aprobar los convenios que acuerden las Cortes, con otras Comunidades Autónomas en los términos establecidos por el apartado dos del artículo ciento cuarenta y cinco de la Constitución.

15. d) Por resolución administrativa firme que conlleve la inhabilitación para el ejercicio de cargos o empleos públicos.

La Comunidad Autónoma de Castilla-La Mancha: principales características históricas, geográficas, culturales y económicas de la región

1. El primer presidente preautonómico de Castilla-La Mancha, elegido en noviembre de 1978 fue:

a) José Bono.
b) Antonio Fernández-Galiano.
c) Gonzalo Payo Subiza.
d) Emiliano García-Page.

2. El 7 de diciembre de 1983 se elige Toledo como capital de la autonomía por votación de:

a) Las Cortes españolas.
b) El Senado.
c) Las diputaciones provinciales castellano-manchegas.
d) Las Cortes de Castilla-La Mancha.

3. La aprobación del proyecto de ley del Estatuto de Autonomía el 3 de diciembre de 1981 tiene lugar en la ciudad de:

a) Manzanares.
b) Toledo.
c) Alarcón.
d) Cuenca.

4. El mayor yacimiento de restos del neolítico hallados en la región se encuentra en:

a) Las Lagunas de Ruidera.
b) Verdelpino.
c) La ciudad de Valeria.
d) Valdepeñas.

5. La escultura conocida como La Bicha de Balazote es una muestra del arte:

a) Rupestre.
b) Romano.
c) Ibérico.
d) Visigodo.

6. La primera reunión de la Junta de Comunidades de Castilla-La Mancha en diciembre de 1978 tiene lugar en:

a) El Palacio de Fuensalida.
b) El Parador de Turismo de Cuenca.
c) El Palacio del Infantado.
d) La iglesia de San Agustín de Almagro.

7. La característica Cultura de Las Motillas corresponde a:

a) La Edad del Bronce.
b) El Paleolítico Inferior.
c) El arte mozárabe.
d) El arte íbero.

8. La ciudad romana de Consabura corresponde a la actual:

a) Alcalá de Henares.
b) Consuegra.
c) Pastrana.
d) Ciudad Real.

9. La sede de las Cortes de Castilla-La Mancha se encuentra ubicada en:

a) El Palacio de Santa Cruz en Toledo.
b) El Palacio de Medrano en Ciudad Real.
c) La Iglesia de Santo Tomé en Toledo.
d) El convento de San Gil en Toledo.

10. Los visigodos eligen Toledo como capital durante el reinado de:

a) Alarico.
b) Atanagildo.
c) Recesvinto.
d) Leovigildo.

11. La ciudad de Sisapo se encontraba ubicada en la provincia romana:

a) Tarraconense.
b) Lusitania.

c) Bética.
d) No es una ciudad romana.

12. La ciudad de Toledo es reconquistada a los árabes en 1085 por:

a) Alfonso VI.
b) Alfonso X.
c) Fernando III.
d) Juan II.

13. El yacimiento arqueológico del Cerro de las Cabezas es un punto de referencia de:

a) La cultura de la Edad del Bronce.
b) La cultura íbera.
c) La cultura romana.
d) La cultura árabe.

14. Villa Real, fundada en 1255 por Alfonso X, es el nombre de la actual:

a) Guadalajara.
b) Pastrana.
c) Tarancón.
d) Ciudad Real.

15. El yacimiento romano de Valeria se encuentra en la provincia de:

a) Toledo.
b) Cuenca.
c) Guadalajara.
d) Albacete.

En MADTEST tienes **más preguntas de este tema**, y todos tus avances quedan registrados y se reflejan en el ranking.

¡Supera tus límites con MADTEST!

Solución al test n.º 11

1. b) Antonio Fernández-Galiano.

2. d) Las Cortes de Castilla-La Mancha.

3. c) Alarcón.

4. b) Verdelpino.

5. c) Ibérico.

6. d) La iglesia de San Agustín de Almagro.

7. a) La Edad del Bronce.

8. b) Consuegra.

9. d) El convento de San Gil en Toledo.

10. b) Atanagildo.

11. c) Bética.

12. a) Alfonso VI.

13. b) La cultura íbera.

14. d) Ciudad Real.

15. b) Cuenca.

La igualdad efectiva de mujeres y hombres.
Políticas públicas de igualdad

1. La ley que regula a nivel estatal la igualdad efectiva de mujeres y hombres, es:

a) La Ley 3/2007, de 12 de marzo.
b) La Ley Orgánica 22/2007, de 3 de abril.
c) La Ley Orgánica 3/2007, de 22 de marzo.
d) El Decreto Legislativo 7/2003, de 23 de mayo.

2. ¿Qué título de la Ley para la Igualdad efectiva de Mujeres y Hombres se refiere a las políticas públicas para la igualdad?

a) El Título II.
b) El Título III.
c) El Título IV.
d) El Título V.

3. Las obligaciones establecidas en la Ley para la Igualdad efectiva entre Mujeres y Hombres son de aplicación a:

a) Toda persona que se encuentre o actúe en territorio español, cualquiera que fuese su nacionalidad, domicilio o residencia.

b) Todos los españoles residentes en territorio español; pero no a los españoles que tengan residencia en otro país aunque eventualmente se encuentren en territorio español.

c) Toda persona que se encuentre o actúe en territorio español, originaria de algún país adherido a los Tratados internacionales de eliminación de toda forma de discriminación contra la mujer; pero no se puede aplicar a personas originarias de los países no firmantes.

d) Únicamente a todos los españoles se encuentren o no en territorio español.

4. Todo trato desfavorable a las mujeres relacionado con el embarazo o la maternidad constituye:

a) Acoso sexual.
b) Acoso por razón de sexo.
c) Discriminación directa por razón de sexo.
d) Discriminación indirecta por razón de sexo.

5. Cualquier comportamiento realizado en función del sexo de una persona, con el propósito o efecto de atentar contra su dignidad y de crear un entorno intimidatorio, degradante u ofensivo, constituye:

a) Acoso sexual.
b) Acoso por razón de sexo.
c) Discriminación directa por razón de sexo.
d) Discriminación indirecta por razón de sexo.

6. Los actos y las cláusulas de los negocios jurídicos que constituyan o causen discriminación por razón de sexo se considerarán:

a) Válidos, si todas las partes consienten.
b) Anulables y sin efecto durante el primer año; pasado ese tiempo, si no hay denuncia, tendrán efectos legales.
c) Nulos, pero con efecto.
d) Nulos y sin efecto.

7. La capacidad y la legitimación para intervenir en los procesos civiles, sociales y contencioso-administrativos que versen sobre la defensa del derecho de igualdad entre mujeres y hombres, corresponden a:

a) La persona acosada, únicamente.
b) Cualquier ciudadano.
c) Las personas físicas y jurídicas con interés legítimo.
d) Cualquier persona jurídica.

8. Según el artículo 15 de la Ley para la Igualdad efectiva entre Mujeres y Hombres, el principio de igualdad de trato y oportunidades informará la actuación de todos los poderes públicos:

a) Con carácter transversal.
b) De forma equilibrada.
c) Solo cuando se trate de colectivos de especial vulnerabilidad o de violencia de hecho.
d) Con carácter no vinculante.

9. Según la Disposición Adicional Primera de la Ley para la Igualdad efectiva entre Mujeres y Hombres, se entenderá por composición equilibrada la presencia de mujeres y hombres de forma que, en el conjunto al que se refiera, las personas de cada sexo:

a) Tengan la misma representación; es decir la mitad, o la mitad más uno o menos uno si es un número impar de miembros.

b) No superen el 60 % ni sean menos del 40 %.

c) No superen el 70 % ni sean menos del 30 %.

d) No sean menos del 10 %.

10. Los proyectos de disposiciones de carácter general y los planes de especial relevancia económica, social, cultural y artística que se sometan a la aprobación del Consejo de Ministros deberán incorporar:

a) Un Plan Estratégico de Igualdad de Oportunidades.

b) Una estadística o encuesta que posibilite el conocimiento de las diferencias en los valores, roles, situaciones y condiciones, de mujeres y hombres en el ámbito de acción del proyecto o plan.

c) Un informe periódico sobre el conjunto de sus actuaciones en relación con la efectividad del principio de igualdad entre mujeres y hombres.

d) Un informe sobre su impacto por razón de género.

11. Se definen como "un conjunto ordenado de medidas, adoptadas después de realizar un diagnóstico de situación, tendentes a alcanzar en la empresa la igualdad de trato y de oportunidades entre mujeres y hombres y a eliminar la discriminación por razón de sexo":

a) Los programas de mejora de la empleabilidad de las mujeres.

b) Las medidas de acción positiva para favorecer el acceso de las mujeres al empleo y la aplicación efectiva del principio de igualdad de trato y no discriminación en las condiciones de trabajo.

c) Los protocolos de actuación frente al acoso sexual y al acoso por razón de sexo.

d) Los planes de igualdad de las empresas.

12. Según la disposición transitoria 12ª de la LO 3/2007, a partir del 7 de marzo de 2022 están obligadas a implantar planes de igualdad las empresas con un número de trabajadores superior a:

a) 50 trabajadores.

b) 100 trabajadores.

c) 150 trabajadores.

d) 250 trabajadores.

13. ¿Cómo se denomina el distintivo creado por el Ministerio de Trabajo y Asuntos Sociales (actual Ministerio de Trabajo y Economía Social) para reconocer a las empresas que destacan por la aplicación de políticas de igualdad de trato y de oportunidades con sus trabajadores y trabajadoras?

a) Distintivo "Igualdad en la Empresa".
b) Distintivo "Empresas en Igualdad".
c) Distintivo "Empresa no discriminatoria".
d) Distintivo "Empresa con empleo igualitario".

14. ¿Por cuánto tiempo se concede el distintivo para las empresas en materia de igualdad?

a) Un año, prorrogable uno más.
b) Cinco años, prorrogables.
c) Cuatro años.
d) Indefinido.

15. Mantener el equilibrio en las diferentes dimensiones de la vida con el fin de mejorar el bienestar, la salud y la capacidad de trabajo personal, es:

a) Conciliar.
b) Igualar.
c) Discriminatorio.
d) Acoso.

En MADTEST tienes **más preguntas de este tema**, y todos tus avances quedan registrados y se reflejan en el ranking.

¡Supera tus límites con MADTEST!

Solución al test n.º 12

1. c) La Ley Orgánica 3/2007, de 22 de marzo.

2. a) El Título II.

3. a) Toda persona que se encuentre o actúe en territorio español, cualquiera que fuese su nacionalidad, domicilio o residencia.

4. c) Discriminación directa por razón de sexo.

5. b) Acoso por razón de sexo.

6. d) Nulos y sin efecto.

7. c) Las personas físicas y jurídicas con interés legítimo.

8. a) Con carácter transversal.

9. b) No superen el 60% ni sean menos del 40%.

10. d) Un informe sobre su impacto por razón de género.

11. d) Los planes de igualdad de las empresas.

12. a) 50 trabajadores.

13. a) Distintivo "Igualdad en la Empresa".

14. b) Cinco años, prorrogables.

15. a) Conciliar.

II. Ofimática

TEST N.º 13

Informática básica: conceptos fundamentales sobre el hardware. Principales componentes físicos de un ordenador y sus periféricos. Especial referencia a microordenadores. Conceptos fundamentales de software. Sistemas de almacenamiento de datos. Sistemas operativos. Nociones básicas sobre seguridad informática

1. Una de las funciones del Sistema Operativo es:

a) Gestionar el procesador.
b) Gestionar el tiempo que está el usuario usando el PC.
c) Gestionar los contenidos que está utilizando el usuario.
d) Todas las anteriores son correctas.

2. En Windows:

a) No podemos configurar el ratón para adaptarlo, ya que siempre son iguales.
b) Podemos configurar el ratón, siempre y cuando éste sea por cable.
c) Podemos configurar el ratón para adaptarlo mejor al usuario.
d) Ninguna de las anteriores es correcta.

3. Para controlar la presencia en la instalación se pueden usar:

a) Técnicas biométricas.
b) Antivirus.
c) Firewall.
d) Contraseñas.

4. El Kernel del Sistema Operativo:

a) Gestiona el interfaz de usuario.
b) Gestiona los archivos.
c) Gestiona las funciones básicas del sistema.
d) Es una aplicación de gestión.

5. ¿Qué es el hardware?

a) Es un programa que se encarga de monitorizar el estado de los componentes.
b) Es un programa que se encarga de monitorizar el sistema operativo.
c) Es un programa que se encarga de monitorizar la temperatura de los componentes.
d) Todas son falsas.

6. Llamamos CPU a la Unidad Central de Proceso, que es:

a) La torre a la que se conecta el monitor, el teclado y demás periféricos.
b) La torre y discos externos que componen el ordenador.
c) Un componente que se encarga de procesar la información.
d) Puede ser una torre, pero también los podemos encontrar en formato sobremesa.

7. Podemos denominar PC (del inglés *Personal Computer*) a un equipo informático con capacidad para procesar información. Podemos llamar PC a:

a) Los ordenadores en torre o sobremesa con sistema operativo Windows únicamente.
b) Los ordenadores que usen Windows, OS X (Mac de Apple), Linux o cualquier otro sistema operativo.
c) Cualquier ordenador de sobremesa, portátil, *workstation* o servidor siempre que usen Windows.
d) Los ordenadores que usan Windows o Linux, pero no los equipos de Apple como los Mac (OS X).

8. Cuando hablamos de memoria RAM, nos referimos a:

a) La memoria que no se borra y donde está grabada la llamada BIOS.
b) La memoria volátil que usa el sistema operativo y que se borra cuando apagamos.
c) La memoria volátil y no volátil.
d) La memoria que usamos para guardar nuestros documentos y que no se pierdan.

9. Podemos dividir el software en tres grandes tipos. ¿En cuál incluiría el paquete Microsoft Office?

a) Es software de sistema al igual que el sistema operativo Microsoft Windows.
b) Es software de programación, desarrollado por Microsoft como una capa situada sobre su sistema operativo Windows.
c) Es software tipo "paquete" o "pack", que reúne un conjunto de programas como Word, Excel y otros.
d) Es software de aplicación.

10. Un sistema operativo nos permite:

a) Hacer de interprete entre la máquina y el usuario.
b) Hacer que el manejo sea más sencillo.
c) Enviar ordenes al hardware.
d) Todas son correctas.

11. ¿Qué relación hay entre un entorno gráfico y un sistema operativo?

a) Algunos sistemas operativos pueden tener un entorno gráfico para facilitar su uso.
b) Un entorno gráfico y un sistema operativo es lo mismo.
c) Todos los sistemas operativos utilizan un entorno gráfico.
d) Entorno gráfico es únicamente un término coloquial para referirnos a Windows.

12. Normalmente los ratones diseñados para Microsoft Windows tienen al menos 2 botones y una rueda entre ellos. Suponiendo que está configurado para una persona diestra, ¿qué función cumple el botón derecho sobre el escritorio?

a) Realiza la misma función que si pulsamos dos veces el botón izquierdo.
b) Nos aparecerá el clip de ayuda preguntando qué necesitamos.
c) Abrirá la papelera de reciclaje para que recuperemos los elementos eliminados.
d) Abrirá un menú contextual desde el que por ejemplo podemos crear un nuevo acceso directo.

13. Podemos clasificar los componentes de un ordenador en relación a su funcionalidad, siendo un dispositivo de salida:

a) Aquel que tiene algún mecanismo para ser expulsado, por ejemplo un DVD o una memoria USB.
b) Aquel que sale directamente del equipo, como un teclado, mientras que una impresora conectada por WIFI no lo sería.
c) Aquel que permite sacar la información al exterior, como una impresora, esté conectada por cable o de forma inalámbrica.
d) Aquel que saca la información en un formato físico, como una impresora que nos la muestra en papel, pero no un monitor, ya que la información seguiría dentro del ordenador.

14. Cuando escribimos, pueden aparecer algunos caracteres diferentes a los representados en el teclado. ¿A qué es más probable que se deba?

a) Hay un problema eléctrico y al no llegar suficiente energía, se representa la letra que el sistema considera más probable.
b) Estamos confundiendo las letras porque están desgastadas.
c) El sistema operativo cree que usamos un teclado en un idioma diferente y hay que seleccionar el correcto.
d) Un teclado nunca enviará un carácter diferente ya que está definido así por el fabricante.

15. De las siguientes opciones, elija cuál es un sistema operativo.

a) Microsoft Windows.
b) Microsoft Office.
c) Personal Computer (PC).
d) Las respuestas a) y b) son correctas.

En MADTEST tienes **más preguntas de este tema**, y todos tus avances quedan registrados y se reflejan en el ranking.

¡Supera tus límites con MADTEST!

Solución al test n.º 13

1. a) Gestionar el procesador.

2. c) Podemos configurar el ratón para adaptarlo mejor al usuario.

3. a) Técnicas biométricas.

4. c) Gestiona las funciones básicas del sistema.

5. d) Todas son falsas.

6. c) Un componente que se encarga de procesar la información.

7. b) Los ordenadores que usen Windows, OS X (Mac de Apple), Linux o cualquier otro sistema operativo.

8. b) La memoria volátil que usa el sistema operativo y que se borra cuando apagamos.

9. d) Es software de aplicación.

10. d) Todas son correctas.

11. a) Algunos sistemas operativos pueden tener un entorno gráfico para facilitar su uso.

12. d) Abrirá un menú contextual desde el que por ejemplo podemos crear un nuevo acceso directo.

13. c) Aquel que permite sacar la información al exterior, como una impresora, esté conectada por cable o de forma inalámbrica.

14. c) El sistema operativo cree que usamos un teclado en un idioma diferente y hay que seleccionar el correcto.

15. a) Microsoft Windows.

Windows 10: fundamentos. Trabajo en el entorno gráfico de Windows 10: ventanas, iconos, menús contextuales, cuadros de diálogo, ayuda sensible al contexto. El escritorio y sus elementos. El menú Inicio. Configuración de Windows 10

1. ¿Cuál es la versión anterior al Windows 10?

a) Windows 9.
b) Windows 8.
c) Windows 7.
d) Ninguna es correcta.

2. ¿Con qué otro nombre se conoce también a la nueva interfaz MODERN UI?

a) Metro.
b) UTP.
c) Middle.
d) Las respuestas a) y c) son correctas.

3. El Windows 10 da uso funcional:

a) A ordenadores personales.
b) A teléfonos móviles y tabletas.
c) Solamente en ordenadores posteriores al 2019.
d) Las respuestas a) y b) son correctas.

4. ¿Cuál es una novedad destacada del Windows 10?

a) Microsoft Edge.
b) Escritorios virtuales.
c) Las respuestas a) y b)son correctas.
d) Interfaz Modern UI.

5. ¿Cuál de las siguientes son características nuevas del Microsoft Edge?

a) Anotaciones en páginas.
b) Vista de Lectura.
c) Guía de Lectura.
d) Todas son correctas.

6. ¿Cuál es el uso de Cortana?

a) Asistente personal de escritura.
b) Asistente personal de lectura Web.
c) Asistente personal por voz.
d) Todas son correctas.

7. ¿Cuál de las siguientes es una versión de Windows 10?

a) Home.
b) Enterprise.
c) Education.
d) Todas son correctas.

8. El Continuum:

a) Es un Asistente de escritorios virtuales.
b) Es una nueva característica de Windows 10.
c) Es un asistente para importación de datos móviles.
d) Ninguna es correcta.

9. ¿A qué llamamos "Jump List "?

a) A una aplicación para gestionar listas de contactos.
b) A la leyenda Recientes, Frecuentes, Tareas o Más visitados.
c) A las últimas webs visitadas en la sesión.
d) Ninguna es correcta.

10. Para iniciar sesión de Windows podemos usar:

a) Datos de la cuenta de Gmail.
b) El nombre de usuario y la clave de la cuenta de Microsoft.
c) El nombre de usuario de la cuenta de Microsoft y un PIN.
d) Las respuestas b) y c) son correctas.

11. La opción de inicio Apagado de Windows tiene como opciones:

a) Apagar y Reiniciar.
b) Suspender.

c) Apagar y Reiniciar y Bloqueo.
d) Las respuestas a) y b) son correctas.

12. Los accesos directos se diferencian de los iconos normales en que:

a) Tienen un recuadro blanco con una flecha negra en la parte superior izquierda.
b) Tienen un recuadro blanco con una flecha negra en la parte inferior derecha.
c) Tienen un recuadro blanco con una flecha negra en la parte inferior izquierda.
d) Ninguna es correcta.

13. Físicamente los archivos y carpetas borradas se guardan en la carpeta:

a) Recycle.Bin$
b) $Recycle.Bin
c) $Recycle.Bin$
d) Ninguna es correcta.

14. Windows Defender era conocido anteriormente como:

a) Microsoft Firewall.
b) Microsoft AntiSpyware.
c) Microsoft Protect .
d) Todas son correctas.

15. El centro de actividades de Windows 10:

a) Se visualiza en la barra de tareas.
b) Tiene notificaciones del sistema.
c) No muestra avisos del Windows Update.
d) Todas son correctas.

En MADTEST tienes **más preguntas de este tema**, y todos tus avances quedan registrados y se reflejan en el ranking.

¡Supera tus límites con MADTEST!

Solución al test n.º 14

1. b) Windows 8.

2. a) Metro.

3. d) Las respuestas a) y b) son correctas.

4. c) Las respuestas a) y b) son correctas.

5. d) Todas son correctas.

6. c) Asistente personal por voz.

7. d) Todas son correctas.

8. b) Es una nueva característica de Windows 10.

9. b) A la leyenda Recientes, Frecuentes, Tareas o Más visitados.

10. d) Las respuestas b) y c) son correctas.

11. d) Las respuestas a) y b) son correctas.

12. c) Tienen un recuadro blanco con una flecha negra en la parte inferior izquierda.

13. b) $Recycle.Bin

14. b) Microsoft AntiSpyware.

15. b) Tiene notificaciones del sistema.

TEST N.º 15

El explorador Windows. Gestión de carpetas de archivos. Operaciones de búsqueda. Mi Pc. Gestión de impresoras. Accesorios. Herramientas del sistema

1. En el Explorador de Windows 10:

a) Hay Cinta de Opciones.
b) Hay Caja de Búsqueda.
c) Hay panel de navegación.
d) Todas son correctas.

2. La letra A en las unidades de disco:

a) Está en Desuso.
b) Es para unidades extraíbles.
c) Es para disqueteras.
d) Las respuestas a) y c) son correctas.

3. ¿Cuál de los siguientes símbolos no puede usarse en el nombre de un archivo de Windows?

a) \
b) @
c) ?
d) Las respuestas a) y c) son correctas.

4. Un Terabyte son:

a) 1.024 Mb.
b) 1.024 Gb.
c) 1.024 Kb.
d) Ninguna es correcta.

5. La opción "Este equipo" en Windows 10:

a) Se llamaba en versiones anteriores Mi PC.
b) Se llamaba en versiones anteriores Mi Equipo.

c) Se llamaba en versiones anteriores PC.
d) Ninguna es correcta.

6. Windows PowerShell:

a) Es la nueva ayuda en Windows 10.
b) Es el nuevo gestor de arranque del sistema.
c) Es una versión mejorada del intérprete de comandos DOS.
d) Ninguna es correcta.

7. ¿Cuál de los siguientes no es un modo de captura de la herramienta Recortes?

a) Forma Libre.
b) Rectangular.
c) Ventana.
d) Todas son correctas.

8. Para retrasar la captura del recorte en la herramienta de Recortes entre 1 y 5 segundos se puede usar la combinación de teclas:

a) Alt + R.
b) Alt + D.
c) Ctrl + D.
d) Ninguna es correcta.

9. ¿Cuál de los siguientes no es un tipo de imagen que se puede abrir con el PAINT?

a) ICO.
b) TIG.
c) TIFF.
d) JPEG.

10. ¿Cuál de las siguientes no es un accesorio de Windows 10?

a) Notas Rápidas.
b) Grabadora de Sonidos.
c) WordPad.
d) Todos son accesorios correctos.

11. Para la extracción segura de dispositivos USB se usa:

a) Desconexión segura.
b) Desconexión USB.
c) Extracción segura.
d) Ninguna es correcta.

12. Un Megabyte son:

a) 1024 bytes x 8 bits.
b) 1024 bytes.
c) 1024 Kb.
d) Las respuestas a) y c) son correctas.

13. Los nombres de archivo tienen un máximo permitido de:

a) 255 letras.
b) 255 caracteres.
c) En Windows 10 no hay limitación de tamaño.
d) Ninguna es correcta.

14. Para abrir una ventana del Explorador de Windows podemos usar la combinación de teclas:

a) Ctrl + E.
b) Windows + E.
c) Mayus + E.
d) Todas son correctas.

15. La cinta de opciones de Windows 10 tiene:

a) Tres fichas y 5 secciones en la ficha Vista.
b) Tres fichas y 5 secciones en la ficha Inicio.
c) Dos fichas y 5 secciones en la ficha Inicio.
d) Ninguna es correcta.

En MADTEST tienes **más preguntas de este tema**, y todos tus avances quedan registrados y se reflejan en el ranking.

¡Supera tus límites con MADTEST!

Solución al test n.º 15

1. d) Todas son correctas.

2. d) Las respuestas a) y b) son correctas.

3. d) Las respuestas a) y c) son correctas.

4. b) 1.024 Gb.

5. a) Se llamaba en versiones anteriores Mi PC.

6. c) Es una versión mejorada del intérprete de comandos DOS.

7. d) Todas son correctas.

8. b) Alt + D.

9. b) TIG.

10. d) Todos son accesorios correctos.

11. a) Desconexión segura.

12. c) 1024 Kb.

13. b) 255 caracteres.

14. b) Windows + E.

15. b) Tres fichas y 5 secciones en la ficha Inicio.

TEST N.º 16-17-18

Procesadores de textos. Microsoft Word 2019: el entorno de trabajo. Creación y estructuración del documento. Trabajo con texto en el documento. Herramientas de escritura. Impresión del documento. Gestión de archivos. Composición del documento. Integración de distintos elementos. Combinar correspondencia. Esquemas. Inserción de elementos gráficos en el documento. Personalización del entorno de trabajo. Opciones de configuración. Los menús de Word 2019 y sus funciones

1. ¿Desde qué pestaña de la cinta de opciones de Word podremos comparar dos versiones de un documento?

a) Inicio.
b) Referencias.
c) Word no nos permite realizar esa acción.
d) Revisar.

2. ¿Cuál de las siguientes relaciones entre opción y grupo no es correcta?

a) Tachado y Fuente.
b) Interlineado y Párrafo.
c) Espaciado y (Párrafo +Fuente).
d) Hipervínculo (Referencias).

3. La alineación es un comando de Word 2019 que afecta a:

a) La selección de texto.
b) La dirección del texto.
c) El interlineado del texto.
d) La distancia con el margen de los párrafos.

4. ¿En qué ficha y grupo está la opción para utilizar las tabulaciones?

a) Insertar / Tabulaciones.
b) Inicio / Párrafo/ botón cuadro dialogo Párrafo.
c) Inicio / Formato / Tabulaciones.
d) Inicio / Tabulaciones.

5. En Word, ¿cuál es la diferencia entre pulsar Intro y pulsar las teclas Mayúsculas + Intro?

a) Intro indica párrafo nuevo, y Mayúsculas + Intro, indica salto de línea.
b) No hay diferencias para Word.
c) Intro indica párrafo nuevo, y Mayúsculas + Intro, indica salto de sección.
d) Intro indica salto de línea nuevo, y Mayúsculas + Intro, indica salto de sección.

6. El botón Borrar Formato en Word:

a) Borra todo el formato de la selección.
b) Deja el texto sin formato y lo elimina.
c) Funciona haciendo doble clic.
d) Ese botón existe en Excel pero no en Word.

7. Los sangrados en Word:

a) Definen el límite izquierdo de los párrafos de un documento, pero no el derecho.
b) Definen el límite derecho de los párrafos de un documento, pero no el izquierdo.
c) Definen el límite izquierdo y el límite derecho de los párrafos de un documento.
d) Definen el límite izquierdo de los párrafos de un documento y el estado de la primera línea de cada uno.

8. La carta modelo en un proceso de combinar correspondencia de Word:

a) Tendrá la tabla de datos para combinar.
b) No tendrá los campos de combinación.
c) Incluirá el texto que no varía.
d) Tendrá tantas hojas como datos se combinen.

9. El método más rápido para acceder a las opciones de la cinta de opciones de Word 2019 es hacer un clic con el ratón sobre ellas; si queremos acceder a las distintas opciones de los paneles y menús a partir del teclado, podemos pulsar la tecla:

a) F1.
b) Shift.
c) Ctrl.
d) Alt.

10. La combinación de teclas para la alineación centrada es:

a) Ctrl + T.
b) Ctrl + Q.

c) Ctrl + J.
d) Ctrl+Alt+C.

11. El interlineado se puede definir como:

a) El espacio que hay entre los párrafos de un documento.
b) El espacio que hay entre los caracteres de un párrafo.
c) El espacio que hay entre los párrafos seleccionados.
d) El espacio que hay entre una y otra línea de un mismo párrafo.

12. ¿En qué menú de Word 2019 se encuentra la opción Marcas de Agua?

a) Insertar.
b) Diseño.
c) Disposición.
d) Inicio.

13. ¿Qué combinación de teclas divide la ventana de un documento?

a) Alt + Ctrl + R.
b) Alt + Ctrl + V.
c) Alt + Ctrl + I.
d) Alt + Ctrl + D.

14. La sangría francesa:

a) Controla el límite izquierdo de todas las líneas del párrafo menos la segunda.
b) Controla el límite izquierdo de todas las líneas del párrafo menos la última.
c) Controla el límite izquierdo de todas las líneas del párrafo menos la primera.
d) Controla el límite derecho de todas las líneas del párrafo menos la segunda.

15. Para disminuir un nivel en una lista Multinivel de Word 2019 pulsamos:

a) Mayúsculas + Control.
b) Mayúsculas + Ins.
c) Mayúsculas + L.
d) Ninguna es correcta.

En MADTEST tienes **más preguntas de este tema**, y todos tus avances quedan registrados y se reflejan en el ranking.

¡Supera tus límites con MADTEST!

Solución al test n.º 16-17-18

1. d) Revisar.

2. d) Hipervínculo (Referencias).

3. d) La distancia con el margen de los párrafos.

4. b) Inicio / Párrafo/ botón cuadro dialogo Párrafo.

5. a) Intro indica párrafo nuevo, y Mayúsculas + Intro , indica salto de línea.

6. a) Borra todo el formato de la selección.

7. c) Definen el límite izquierdo y el límite derecho de los párrafos de un documento.

8. c) Incluirá el texto que no varía.

9. d) ALT.

10. a) CTRL + T.

11. d) El espacio que hay entre una y otra línea de un mismo párrafo.

12. b) Diseño.

13. b) Alt + Ctrl + V.

14. c) Controla el límite izquierdo de todas las líneas del párrafo menos la primera.

15. d) Ninguna es correcta.

Hojas de cálculo. Microsoft Excel 2019: el entorno de trabajo. Libros, hojas y celdas. Introducción y edición de datos. Formatos. Configuración e impresión de la hoja de cálculo. Fórmulas y Funciones. Vínculos. Gráficos. Gestión y análisis de datos en Excel. Personalización del entorno de trabajo en Excel 2019. Opciones de configuración. Los menús de Excel 2019 y sus funciones

1. Si queremos eliminar un comentario que tiene una celda de Excel 2019, ¿a qué ficha tenemos que acceder?

a) Revisar.
b) Comentarios.
c) Datos.
d) Programador.

2. Las constantes de Excel 2019 pueden ser valores:

a) Numéricos y de tipo texto.
b) Horas y Fechas.
c) Numéricos, de texto, horas y fechas.
d) Numéricos, de texto, horas y fechas y booleanos.

3. Si en una celda aparecen símbolos de sostenido (#####):

a) Está en notación científica negativa.
b) Es un valor de texto incorrecto.
c) El valor no cabe en la altura de la celda.
d) El valor no cabe en la anchura de la celda.

4. Señale la opción más correcta con respecto a Excel 2019:

a) Muestra 1 hoja de cálculo.
b) Muestra 5 hojas de cálculo.

c) Muestra 10 hojas de cálculo.
d) Es un valor configurable.

5. La opción de ocultar Hoja de Excel 2019 podemos encontrarla en:

a) El botón de lista *Insertar.*
b) El botón de lista *Hoja.*
c) El botón de lista *Formato.*
d) El botón de lista *Eliminar.*

6. La etiqueta de la hoja de cálculo se colorea totalmente cuando:

a) Estás en una hoja distinta.
b) Estás en la propia hoja.
c) Siempre esta coloreada.
d) Si la hoja no está totalmente vacía.

7. En la ficha Página, en el grupo Configurar Página, podemos:

a) Definir los márgenes de la hoja.
b) Definir los saltos de página.
c) Definir la orientación.
d) Definir los márgenes, los saltos de página pero no el centrado de las páginas.

8. La escala de ajuste de la hoja de cálculo, tiene un valor máximo de:

a) 100 %.
b) 400 %.
c) 250 %.
d) 150 %.

9. Un encabezado en Excel 2019 es la parte de la Hoja que está:

a) Entre el borde inferior y el margen superior.
b) Entre el borde inferior y el margen inferior.
c) Entre el borde superior y el margen superior.
d) Entre el borde superior y el margen superior.

10. El código #N/A es:

a) Error de acceso a la celda.
b) Fórmula matricial.
c) Error de celda.
d) División por 0.

11. Las funciones de Excel 2019 son:

a) Fórmulas predefinidas.
b) Cálculos predefinidos.
c) Argumentos predefinidos.
d) Macros.

12. La función =SUMA(A1 ; A8 ; A10)

a) Suma todas las celdas desde la A1 a la A8 y además la A10.
b) Suma todas las celdas desde la A1 a la A10 menos la A8.
c) Suma todas las celdas desde la A1 a la A8 y el resultado lo coloca en la A10.
d) Suma las celdas A1, A8 y la A10.

13. La función =SUMA(A1 ; 3 ; A8)

a) Suma 3 veces la celda A1 y la A8.
b) Suma la celda A1 y 3 veces la celda A8.
c) No es una formula correcta.
d) Suma la celda A1, una constante de 3 y la celda A8.

14. La función RESIDUO:

a) Calcula el interés residual de un préstamo.
b) Devuelve el resto de una división.
c) Calcula la parte entera de una división.
d) No es una función correcta, sería RESTO.

15. La función" =REDONDEAR (B3 ; -2)":

a) Dará un error como resultado.
b) Redondea el valor B3 al valor más cercano a "-2".
c) Redondea el valor B3 y le resta "2".
d) Dependerá del valor que tenga B3.

En MADTEST tienes **más preguntas de este tema**, y todos tus avances quedan registrados y se reflejan en el ranking.

¡Supera tus límites con MADTEST!

Solución al test n.º 19-20-21

1. a) Revisar.

2. c) Numéricos, de texto, horas y fechas.

3. d) El valor no cabe en la anchura de la celda.

4. d) Es un valor configurable.

5. c) El botón de lista Formato.

6. a) Estás en una hoja distinta.

7. c) Definir la orientación.

8. b) 400 %.

9. c) Entre el borde superior y el margen superior.

10. c) Error de celda.

11. a) Fórmulas predefinidas.

12. d) Suma las celdas A1, A8 y la A10.

13. d) Suma la celda A1, una constante de 3 y la celda A8.

14. b) Devuelve el resto de una división.

15. d) Dependerá del valor que tenga B3.

TEST N.º 22

Internet: conceptos elementales sobre protocolos y servicios en Internet. Microsoft Edge versión 101: navegación, favoritos, historial, búsqueda. Los menús en Microsoft Edge y sus funciones. Chrome versión 105: navegación, favoritos, historial, búsqueda. Los menús en Chrome y sus funciones

1. ¿Cuál de los siguientes no es un protocolo de internet?

a) IP.
b) HTTPS.
c) HTTP.
d) HYP.

2. ¿Qué significa HTTPS?

a) Protocolo Seguro de transmisión de datos.
b) Protocolo Seguro de transmisión de Hipertexto.
c) Protocolo Seguro de transmisión de Hipervínculos.
d) Protocolo Seguro de transmisión de información.

3. ¿Qué es la WWW?

a) Una URL de una página web.
b) Un conjunto de protocolos.
c) Un servidor de ficheros.
d) Ninguna es correcta.

4. Un navegador es:

a) Un software que traduce código HTML.
b) Un programa que importa ficheros.
c) Un software que traduce tramas de datos.
d) Ninguna es correcta.

5. ¿Qué navegador está integrado en Windows?

a) Chrome.
b) Edge.
c) Firefox.
d) Todas son correctas.

6. ¿Qué es un navegador WEB?

a) Software que nos permite ver la información de las páginas Web.
b) Programa que nos permite ver la información de las páginas Web.
c) Un traductor de código HTML para mostrarse en pantalla correctamente.
d) Todas son correctas.

7. ¿Cuál de los navegadores no muestra la página web hasta que no terminan de cargarse todos sus elementos?

a) Edge.
b) Firefox.
c) Chrome.
d) Ninguno lo hace.

8. Señala con qué navegador tienes opción de poder elegir una navegación privada (incógnito):

a) Google Chrome.
b) Micrososft Edge.
c) Ambos la tienen.
d) No es una opción válida en ninguno de ellos.

9. ¿Cuál es una característica de Google Chrome?

a) Velocidad.
b) Seguridad.
c) Simplicidad.
d) Todas son correctas.

10. ¿Cómo se llama la barra de direcciones multiuso de Google Chrome?

a) Omnitask.
b) Omnisearch.
c) Omnibox.
d) Ninguna es correcta.

11. ¿Cómo se llama la zona para almacenar accesos directos de webs en Google Chrome?

a) Historiales.
b) Marcadores.

c) Favoritos.
d) Ninguna es correcta.

12. ¿Qué navegador permite "Agrupar" pestañas?

a) Chrome.
b) Firefox.
c) Edge.
d) Todos los permiten.

13. ¿En qué navegador no hay la opción de "Fijar" pestañas?

a) En Google Chrome.
b) En Firefox.
c) Edge.
d) Todos tienen esa opción.

14. ¿Cuál de las siguientes situaciones deben manejarse con protocolo HTTPS?

a) Transacciones bancarias.
b) Compras en la red.
c) Transmisión de datos de carácter personal.
d) Todas son correctas.

15. ¿Cuál de los siguientes elementos no concuerda con el resto?

a) Mac.
b) Tablet .
c) Chrome.
d) Terminal móvil.

En MADTEST tienes **más preguntas de este tema**, y todos tus avances quedan registrados y se reflejan en el ranking.

¡Supera tus límites con MADTEST!

Solución al test n.º 22

1. d) HYP.

2. b) Protocolo Seguro de transmisión de Hipertexto.

3. b) Un conjunto de protocolos.

4. a) Un software que traduce código HTML.

5. b) Edge.

6. a) Todas son correctas.

7. a) Edge.

8. c) Ambos la tienen.

9. d) Todas son correctas.

10. c) Omnibox.

11. b) Marcadores.

12. c) Edge.

13. c) En Edge.

14. d) Todas son correctas.

15. c) Chrome.

Correo Electrónico: conceptos elementales y funcionamiento. Microsoft Outlook 2019: el entorno de trabajo. Creación de mensajes. Enviar, recibir, responder y reenviar mensajes. Administración de mensajes. Reglas de mensaje. Libreta de direcciones. Gestión de la agenda

1. Señala cuál de las siguientes se considera una dirección de correo válida:

a) persona@proveedorcom
b) www.proveedor.com
c) persona.proveedor.com
d) cta@cts.es

2. La parte de la izquierda de una dirección de correo electrónico se denomina:

a) Dominio.
b) Organización.
c) Dominio de organización.
d) Nombre de Usuario.

3. ¿Cuántas pestañas tiene la bandeja de entrada si está activada la opción de "Bandeja de entrada prioritaria"?

a) 1.
b) 2.
c) 3.
d) Es un valor configurable.

4. Los clientes de correo POP:

a) Tienen que estar conectados todo el tiempo.
b) Los mensajes se descargan de golpe si están disponibles.
c) Los mensajes se descargan parcialmente aun sin estar disponibles.
d) Tienen que estar conectados a intervalos de 15'.

5. ¿Qué es un Hoax?

a) Un Bulo o Noticia falsa.
b) Suplantación de identidad.
c) Un virus.
d) Un error de configuración en el navegador.

6. El protocolo SMTP:

a) Permite recibir mensajes.
b) Permite enviar mensajes.
c) Permite enviar y recibir mensajes.
d) No es un protocolo.

7. Cuando un usuario envía un correo:

a) El mensaje se dirige primero hasta el buzón de correo de su proveedor de internet.
b) El mensaje se dirige primero hasta el buzón de correo del proveedor de internet del destinatario.
c) El mensaje se dirige primero hasta el buzón de correo del proveedor de internet del destinatario si es de tipo POP.
d) El mensaje se dirige primero hasta el buzón de correo del proveedor de internet del destinatario si es de tipo SMTP.

8. En Microsoft Outlook 2019 se pueden configurar:

a) Correos gratuitos.
b) Correos de proveedor de pago.
c) Tanto correos gratuitos como de proveedores de pago.
d) Correos de proveedor de pago, pero con licencia empresarial.

9. En la opción de Calendario, ¿cuál no es una vista válida?

a) Anual.
b) Semana.
c) Mes.
d) Semana laboral.

10. La carpeta de correo no deseado o Spam contiene:

a) Correos recibidos con origen desconocido.
b) Correos enviados con destino sospechoso.
c) Correos recibidos o enviados con origen desconocido.
d) Correos enviados con destino sospechoso de los últimos 30 días.

11. Al pulsar la opción de imprimir de la ficha archivo, en Outlook 2019, podemos elegir en la configuración entre "tabla" o "memorando"; ¿qué diferencia existe entre ambas opciones?

a) *Tabla* imprime la lista de correos y *Memorando* el correo seleccionado.
b) *Tabla* imprime el correo seleccionado y *Memorando* la lista de correos.
c) *Tabla* imprime el correo seleccionado y *Memorando* permite modificar la configuración de la impresión.
d) *Tabla* imprime el correo seleccionado en formato tabular y *Memorando* solo el asunto.

12. La opción "Responder a todos":

a) Responde al remitente y a los usuarios de la lista de contactos seleccionados previamente.
b) Responde al remitente y al resto de usuarios que estén en el mensaje.
c) Responde al remitente y solo a los usuarios del mensaje que estén en el CC.
d) Responde al remitente y solo a los usuarios del mensaje que estén en el "Para".

13. Los destinatarios del campo CC:

a) No son visibles para los del campo CCO.
b) Solo son visibles para los del campo PARA.
c) Solo son visibles para los del campo CC.
d) Son visibles para todos los destinatarios.

14. Las prioridades del mensaje pueden tener prioridad:

a) Alta y Media.
b) Alta, Media y Baja.
c) Alta y Baja.
d) Alta, Media y Normal.

15. La parte del entorno que permite ver una vista previa del correo seleccionado se llama:

a) Panel de lectura.
b) Visor de lectura.
c) Vista de lectura.
d) Panel de Vista.

En MADTEST tienes **más preguntas de este tema**, y todos tus avances quedan registrados y se reflejan en el ranking.

¡Supera tus límites con MADTEST!

Solución al test n.º 23

1. d) cta@cts.es

2. d) Nombre de Usuario.

3. b) 2.

4. b) Los mensajes se descargan de golpe si están disponibles.

5. a) Un Bulo o Noticia falsa.

6. b) Permite enviar mensajes.

7. a) El mensaje se dirige primero hasta el buzón de correo de su proveedor de internet.

8. c) Tanto correos gratuitos como de proveedores de pago.

9. a) Anual.

10. a) Correos recibidos con origen desconocido.

11. a) Tabla imprime la lista de correos y Memorando el correo seleccionado.

12. b) Responde al remitente y al resto de usuarios que estén en el mensaje.

13. d) Son visibles para todos los destinatarios.

14. c) Alta y Baja.

15. a) Panel de lectura.

El entorno colaborativo. Onedrive: gestión de archivos, compartir archivos y carpetas, Onedrive para móviles. Microsoft TEAMS: comunicación por chat, videoconferencia, trabajo colaborativo en equipos

1. Podemos definir a Teams como:

a) Un HUB de trabajo en equipo.
b) Un SET de trabajo en equipo.
c) Un CLOUD de trabajo en equipo.
d) Un HUBSET de trabajo en equipo.

2. OneDrive tiene una doble papelera de reciclaje que nos permite una retención máxima de:

a) 60 días.
b) 93 días.
c) 30 días.
d) 15 días.

3. Indica cuál de las siguientes afirmaciones no es correcta:

a) OneDrive incluye entre sus funcionalidades la publicación de contenido Web.
b) SharePoint es similar a una unidad de red corporativa.
c) OneDrive se considera un disco duro en la nube.
d) OneDrive solo tiene un propietario.

4. ¿Qué permisos se pueden dar a un usuario al compartir un archivo?

a) Que pueda editar, que pueda revisar, que pueda escribir y que pueda ver.
b) Que pueda editar, que pueda revisar y que pueda eliminar.
c) Que pueda editar, que pueda revisar que pueda eliminar y que pueda ver.
d) Que pueda editar, que pueda revisar y que pueda ver.

5. ¿Cuál de las siguientes afirmaciones es correcta con respecto al proceso de sincronización?

a) Una forma más eficiente y rápida de poder trabajar con los archivos que tenemos alojados en la nube.

b) La actualización de dos dispositivos a la vez, de tal manera que ambos almacenen los mismos datos en un mismo instante.

c) Si no hay conexión a internet no será posible la sincronización.

d) Todas son correctas.

6. El siguiente icono, ¿qué representa?

a) El estado de un fichero.

b) El estado del OneDrive.

c) El estado del Teams.

d) El estado de una carpeta.

7. El siguiente icono, ¿qué representa?

a) El estado de un fichero.

b) El estado del OneDrive.

c) El estado del Teams.

d) El estado de una carpeta.

8. El siguiente icono, ¿qué representa?

a) Que la sincronización está en curso.

b) Que solo está disponible en la nube.

c) Que está disponible localmente (siempre) y en la nube.

d) Que está disponible localmente (temporal) y en la nube.

9. Las opciones de Digitalizar que tiene la aplicación móvil de OneDrive son:

a) Pizarra, Documento, Tarjeta de presentación o Foto.

b) Pizarra, Documento, imagen o Tarjeta de presentación.

c) Documento, Tarjeta de presentación, PDF o Foto.

d) Documento, Tarjeta de presentación o imagen

10. Los grupos de contactos que se reúnen por cuestiones de trabajo, proyectos o intereses comunes para trabajos en Teams, ¿cómo se denominan?

a) Canales.

b) Reuniones.

c) Equipos.
d) Meetings.

11. ¿Cuál de los siguientes estados de Teams quiere comunicar una ausencia temporal y no se puede configurar automáticamente?

a) Ocupado.
b) Aparecer como ausente.
c) Desconectado.
d) Vuelvo enseguida.

12. ¿Cuánto tiempo permanecen los avisos numéricos de notificaciones no leídas, visibles dentro de Teams?

a) 30 días.
b) 93 días.
c) No tienen una duración finita.
d) 14 días.

13. ¿Cuál de los siguientes no es una de las posibles opciones para mostrarnos como asistente de una reunión de Teams al resto de asistentes?

a) Ocupado.
b) Ausente.
c) Trabajando en otro sitio.
d) Privado.

14. Cuando programamos una reunión de Teams, a los diferentes participantes les llegará un correo informándoles de la misma y solicitándoles una respuesta. Podremos elegir:

a) Aceptar, No Aceptar o Proponer nueva hora.
b) Aceptar, Provisional o No Aceptar.
c) Aceptar, Eliminar, No Aceptar o Proponer nueva hora.
d) Aceptar, Provisional, No Aceptar o Proponer nueva hora.

15. Todos los miembros de Teams tienen un rol y cada uno tiene diferentes permisos como se denominan a los que: "Son las personas del equipo. Se comunican con otros miembros del equipo mediante las conversaciones. Pueden ver, subir y cambiar archivos. También realizan tareas usuales de colaboración según lo que permitan los propietarios del equipo".

a) Usuarios.
b) Propietarios.

c) Miembros.
d) Invitados.

En MADTEST tienes **más preguntas de este tema**, y todos tus avances quedan registrados y se reflejan en el ranking.

¡Supera tus límites con MADTEST!

Solución al test n.º 24

1. a) Un HUB de trabajo en equipo.

2. b) 93 días.

3. a) OneDrive incluye entre sus funcionalidades la publicación de contenido Web.

4. d) Que pueda editar, que pueda revisar y que pueda ver.

5. d) Todas son correctas.

6. a) El estado de un fichero.

7. b) El estado del OneDrive.

8. d) Que está disponible localmente (temporal) y en la nube.

9. a) Pizarra, Documento, Tarjeta de presentación o Foto.

10. c) Equipos.

11. d) Vuelvo enseguida.

12. a) 30 días.

13. b) Ausente.

14. d) Aceptar, Provisional, No Aceptar o Proponer nueva hora.

15. c) Miembros.

Cómo acceder al Curso

Cuerpo Auxiliar (Subgrupo C2)
Test del temario

El uso de los códigos **es exclusivo de los compradores de los productos de Editorial MAD**. Cada producto posee un código único y de un solo uso. Es personal e intransferible y da acceso a servicios y contenidos adicionales. Editorial MAD se reserva el derecho de hacer cuantas comprobaciones sean necesarias para identificar al legítimo poseedor del código y dejar de dar servicio a quien haga uso fraudulento del mismo, además de emprender cuantas acciones legales estime oportunas según la legislación vigente.

Deberás acceder a:

mad.es/registro-campus

Si una vez aceptadas las condiciones de uso del Campus decides hacer uso del mismo, necesitarás del siguiente código de acceso junto con los códigos del resto de títulos que se exigen (si fuera el caso):

CNG4KIJS13